la creación literaria

nueva antología poética
ernesto cardenal

87

siglo veintiuno editores, sa
CERRO DEL AGUA 248, MEXICO 20, D.F.

siglo veintiuno de españa editores, sa
C/PLAZA 5, MADRID 33, ESPAÑA

siglo veintiuno argentina editores, sa

siglo veintiuno de colombia, ltda
AV. 3a. 17-73 PRIMER PISO. BOGOTA, D.E. COLOMBIA

diseño y edición al cuidado de martí soler
portada y viñetas de anhelo hernández

primera edición, 1978
cuarta edición, 1983
© siglo xxi editores, s.a.
ISBN 968-23-0220-X

Índice

Epigramas

Te doy, Claudia, estos versos, porque tú eres su dueña.
Los he escrito sencillos para que tú los entiendas.
Son para ti solamente, pero si a ti no te interesan,
un día se divulgarán tal vez por toda Hispanoamérica...
Y si al amor que los dictó tú también lo desprecias,
otras soñarán con este amor que no fue para ellas.
Y tal vez verás, Claudia, que estos poemas
(escritos para conquistarte a ti) despiertan
en otras parejas enamoradas que los lean
los besos que en ti no despertó el poeta.

* * *

Cuídate, Claudia, cuando estés conmigo,
porque el gesto más leve, cualquier palabra, un suspiro
de Claudia, el menor descuido, .

tal vez un día lo examinen eruditos,
y este baile de Claudia se recuerde por siglos.

Claudia, ya te lo aviso.

***

De estos cines, Claudia, de estas fiestas,
de estas carreras de caballos,
no quedará nada para la posteridad
sino los versos de Ernesto Cardenal para Claudia
    (si acaso)
y el nombre de Claudia que yo puse en esos versos
y los de mis rivales, si es que yo decido rescatarlos
del olvido, y los incluyo también en mis versos
para ridiculizarlos.

***

Otros podrán ganar mucho dinero
pero yo he sacrificado ese dinero
por escribirte estos cantos a ti
o a otra que cantaré en vez de ti
o a nadie.

***

Al perderte yo a ti tú y yo hemos perdido:
yo porque tú eras lo que yo más amaba
y tú porque yo era el que te amaba más.
Pero de nosotros dos tú pierdes más que yo:
porque yo podré amar a otras como te amaba a ti
pero a ti no te amarán como te amaba yo.

***

Muchachas que algún día leáis emocionadas estos versos
y soñéis con un poeta:

sabed que yo los hice para una como vosotras
y que fue en vano.

***

Ésta será mi venganza:
Que un día llegue a tus manos el libro de un poeta famoso
y leas estas líneas que el autor escribió para ti
y tú no lo sepas.

***

Me contaron que estabas enamorada de otro
y entonces me fui a mi cuarto
y escribí ese artículo contra el Gobierno
por el que estoy preso.

***

Recibe estas rosas costarricenses,
Myriam, con estos versos de amor:
mis versos te recordarán que los rostros
de las rosas se parecen al tuyo; las rosas
te recordarán que hay que cortar el amor,
y que tu rostro pasará como Grecia y Roma.
Cuando no haya más amor ni rosas de Costa Rica
recordarás, Myriam, esta triste canción.

***

Yo he repartido papeletas clandestinas,
gritando: ¡VIVA LA LIBERTAD! en plena calle
desafiando a los guardias armados.
Yo participé en la rebelión de abril:
pero palidezco cuando paso por tu casa
y tu sola mirada me hace temblar.

IMITACIÓN DE PROPERCIO

Yo no canto la defensa de Stalingrado
ni la campaña de Egipto
ni el desembarco de Sicilia
ni la cruzada del Rhin del general Eisenhower:

Yo sólo canto la conquista de una muchacha.

Ni con las joyas de la Joyería Morlock
ni con perfumes de Dreyfus
ni con orquídeas dentro de su caja de mica
ni con cadillac
sino solamente con mis poemas la conquisté.

Y ella me prefiere, aunque soy pobre, a todos los millones de Somoza.

* * *

Nuestro amor nació en mayo con malinches en flor
—cuando están en flor los malinches en Managua—.
Sólo ese mes dan flores: en los demás dan vainas.
Pero los malinches volverán a florecer en mayo
y el amor que se fue ya no volverá otra vez.

* * *

De pronto suena en la noche una sirena
de alarma, larga, larga,
el aullido lúgubre de la sirena
de incendio o de la ambulancia blanca de la muerte,
como el grito de la cegua en la noche,
que se acerca y se acerca sobre las calles
y las casas y sube, sube, y baja
y crece, crece, baja y se aleja
creciendo y bajando. No es incendio ni muerte:
                              Es Somoza que pasa.

* * *

Tú eres sola entre las multitudes
como son sola la luna
y solo el sol en el cielo.

Ayer estabas en el estadio
en medio de miles de gentes
y te divisé desde que entré
igual que si hubieras estado sola
en un estadio vacío.

***

Ayer te vi en la calle, Myriam, y
te vi tan bella, Myriam, que
(¡Cómo te explico qué bella te vi!)
Ni tú, Myriam, te puedes ver tan bella ni
imaginar que puedas ser tan bella para mí.
Y tan bella te vi que me parece que
ninguna mujer es más bella que tú
ni ningún enamorado ve ninguna mujer
tan bella, Myriam, como yo te veo a ti
y ni tú misma, Myriam, eres quizás tan bella
¡porque no puede ser real tanta belleza!

16

Que como yo te vi de bella ayer en la calle,
o como hoy me parece, Myriam, que te vi.

***

Hay un lugar junto a la laguna de Tiscapa
—un banco debajo de un árbol de quelite—
que tú conoces (aquella a quien escribo
estos versos, sabrá que son para ella).
Y tú recuerdas aquel banco y aquel quelite;
la luna reflejada en la laguna de Tiscapa,
las luces del palacio del dictador,
las ranas cantando abajo en la laguna.
Todavía está aquel árbol de quelite;
todavía brillan las mismas luces;
en la laguna de Tiscapa se refleja la luna;
pero aquel banco esta noche estará vacío,
o con otra pareja que no somos nosotros.

***

SOMOZA DESVELIZA LA ESTATUA DE SOMOZA
EN EL ESTADIO SOMOZA

No es que yo crea que el pueblo me erigió esta estatua
porque yo sé mejor que vosotros que la ordené yo mismo.
Ni tampoco que pretenda pasar con ella a la posteridad
porque yo sé que el pueblo la derribará un día.
Ni que haya querido erigirme a mí mismo en vida
el monumento que muerto no me erigiréis vosotros:
sino que erigí esta estatua porque sé que la odiáis.

* * *

La Guardia Nacional anda buscando a un hombre.
Un hombre espera esta noche llegar a la frontera.
El nombre de ese hombre no se sabe.
Hay muchos hombres más enterrados en una zanja.
El número y el nombre de esos hombres no se sabe.
Ni se sabe el lugar ni el número de las zanjas.
La Guardia Nacional anda buscando a un hombre.
Un hombre espera esta noche salir de Nicaragua.

***

EPITAFIO PARA JOAQUÍN PASOS

Aquí pasaba a pie por estas calles, sin empleo ni puesto,
y sin un peso.
Sólo poetas, putas y picados conocieron sus versos.
Nunca estuvo en el extranjero.
Estuvo preso.
Ahora está muerto.
No tiene ningún monumento.
                              Pero
recordadle cuando tengáis puentes de concreto,
grandes turbinas, tractores, plateados graneros,
buenos gobiernos.
Porque él purificó en sus poemas el lenguaje de su pueblo
en el que un día se escribirán los tratados de comercio,
la Constitución, las cartas de amor, y los decretos.

***

Nuestros poemas no se pueden publicar todavía.
Circulan de mano en mano, manuscritos,
o copiados en mimeógrafo. Pero un día
se olvidará el nombre del dictador
contra el que fueron escritos,
y seguirán siendo leídos.

***

Uno se despierta con cañonazos
en la mañana llena de aviones.
Pareciera que fuera revolución:
pero es el cumpleaños del tirano.

***

¿No has leído, amor mío, en *Novedades:*
CENTINELA DE LA PAZ, GENIO DEL TRABAJO
PALADÍN DE LA DEMOCRACIA EN AMÉRICA
DEFENSOR DEL CATOLICISMO EN AMÉRICA

EL PROTECTOR DEL PUEBLO
EL BENEFACTOR...?

Le saquean al pueblo su lenguaje.
Y falsifican las palabras del pueblo.
(Exactamente como el dinero del pueblo.)
Por eso los poetas pulimos tanto un poema.
Y por eso son importantes mis poemas de amor.

***

Ileana: la Galaxia de Andrómeda,
a 700.000 años luz,
que se puede mirar a simple vista en una noche clara,
está más cerca que tú.
Otros ojos solitarios estarán mirándome desde Andrómeda,
en la noche de ellos. Yo a ti no te veo.
Ileana: la distancia es tiempo, y el tiempo vuela.
A 200 millones de millas por hora el universo
se está expandiendo hacia la Nada.
Y tú estás lejos de mí como a millones de años.

***

Como canta de noche la esquirina
al esquirín que está sobre otra rama:
                "Esquirín,
        si querés que vaya, iré
        si querés que vaya, iré",
y a su rama la llama el esquirín:
                "Esquirina,
        si querés venir, vení,
        si querés venir, vení",
y cuando ella se va a donde él está
el esquirín se va para otra rama:
        así te llamo yo a ti,
                        y tú te vas.
        Así te llamo yo a ti,
                        y tú te vas.

**

Si cuando fue la rebelión de abril
me hubieran matado con ellos
yo no te habría conocido:
y si ahora hubiera sido la rebelión de abril
me hubieran matado con ellos.

***

Cuando los dorados corteses florecieron
nosotros dos estábamos enamorados.
Todavía tienen flores los corteses
y nosotros ya somos dos extraños.

***

La persona más próxima a mí
eres tú, a la que sin embargo
no veo desde hace tanto tiempo
más que en sueños.

***

¿Has oído gritar de noche al oso-caballo
                 oo-oo-oo-oo
o al coyote-solo en la noche de luna
                 uuuuuuuuuuuuú?
Pues eso mismo son estos versos.

Hora 0

Noches Tropicales de Centroamérica,
con lagunas y volcanes bajo la luna
y luces de palacios presidenciales,
cuarteles y tristes toques de queda.
"Muchas veces fumando un cigarrillo
he decidido la muerte de un hombre",
dice Ubico fumando un cigarrillo...
En su palacio como un queque rosado
Ubico está resfriado. Afuera el pueblo
fue dispersado con bombas de fósforo.
San Salvador bajo la noche y el espionaje
con cuchicheos en los hogares y pensiones
y gritos en las estaciones de policía.
El palacio de Carías apedreado por el pueblo.
Una ventana de su despacho ha sido quebrada,
y la policía ha disparado contra el pueblo.
Y Managua apuntada por las ametralladoras
desde el palacio de bizcocho de chocolate
y los cascos de acero patrullando las calles.

¡Centinela! ¿Qué hora es de la noche?
¡Centinela! ¿Qué hora es de la noche?

Los campesinos hondureños traían el dinero en el sombrero
cuando los campesinos sembraban sus siembras
y los hondureños eran dueños de su tierra.
Cuando había dinero
y no había empréstitos extranjeros
ni los impuestos eran para Pierpont Morgan & Cía.
y la compañía frutera no competía con el pequeño cosechero.
Pero vino la United Fruit Company
con sus subsidiarias la Tela Railroad Company
y la Trujillo Railroad Company
aliada con la Cuyamel Fruit Company
y Vaccaro Brothers & Company
más tarde Standard Fruit & Steamship Company
de la Standard Fruit & Steamship Corporation:
                    la United Fruit Company
con sus revoluciones para la obtención de concesiones
y exenciones de millones en impuestos de importaciones
y exportaciones, revisiones de viejas concesiones
y subvenciones para nuevas explotaciones,
violaciones de contratos, violaciones
de la Constitución...

Y todas las condiciones son dictadas por la Compañía
con las obligaciones en caso de confiscación
(obligaciones de la nación, no de la Compañía)
y las condiciones puestas por ésta (la Compañía)
para la devolución de las plantaciones a la nación
(dadas gratis por la nación a la Compañía)
a los 99 años...
"y todas las otras plantaciones pertenecientes
a cualquier otra persona o compañías o empresas
dependientes de los contratantes y en las cuales
esta última tiene o puede tener más adelante
interés de cualquier clase quedarán por lo tanto
incluidas en los anteriores términos y condiciones..."
(Porque la Compañía también corrompía la prosa.)
La condición era que la Compañía construyera el Ferrocarril,
pero la Compañía no lo construía,
porque las mulas en Honduras eran más baratas que el Ferrocarril,
y "un Dibutado más bbarato que una mula"
        —como decía Zemurray—
aunque seguía disfrutando de las exenciones de impuesto
y los 175.000 acres de subvención para la Compañía,
con la obligación de pagar a la nación por cada milla
que no construyera, pero no pagaba nada a la nación
aunque no construía ninguna milla (Carías es el dictador
que más millas de línea férrea no construyó)
y después de todo el tal ferrocarril de mierda no era

de ningún beneficio para la nación
porque era un ferrocarril entre dos plantaciones
y no entre Trujillo y Tegucigalpa.

Corrompen la prosa y corrompen el Congreso.
El banano es dejado podrir en las plantaciones,
o podrir en los vagones a lo largo de la vía férrea,
o cortado maduro para poder ser rechazado
al llegar al muelle, o ser echado en el mar;
los racimos declarados golpeados, o delgados,
o marchitos, o verdes, o maduros, o enfermos:
para que no haya banano barato,
                    o para comprar banano barato.
Hasta que haya hambre en la Costa Atlántica de Nicaragua.
Y los campesinos son encarcelados por no vender a 30 ctvs.
y sus bananos son bayoneteados
y la Mexican Trader Steamship les hunde sus lanchones,
y los huelguistas dominados a tiros.
(Y los diputados nicaragüenses invitados a un garden party.)
Pero el negro tiene siete hijos.
Y uno qué va a hacer. Uno tiene que comer.
Y se tienen que aceptar sus condiciones de pago.
                    24 ctvs. el racimo.
Mientras la subsidiaria Tropical Radio cablegrafía a Boston:
"Esperamos que tendrá la aprobación de Boston
la erogación hecha en diputados nicaragüenses de la mayoría

por los incalculables beneficios que para la Compañía representa."
Y de Boston a Galveston por telégrafo
y de Galveston por cable y telégrafo a México
y de México por cable a San Juan del Sur
y de San Juan del Sur por telégrafo a Puerto Limón
y desde Puerto Limón en canoa hasta adentro en la montaña
llega la orden de la United Fruit Company:
"La Iunai no compra más banano."
Y hay despido de trabajadores en Puerto Limón.
Los pequeños talleres se cierran.
Nadie puede pagar una deuda.
Y los bananos pudriéndose en los vagones del ferrocarril.

Para que no haya banano barato
Y para que haya banano barato.
—19 ctvs. el racimo.

Los trabajadores reciben vales en vez de jornales.
En vez de pago, deudas.
Y abandonadas las plantaciones, que ya no sirven para nada,
y dadas a colonias de desocupados.
Y la United Fruit Company en Costa Rica
con sus subsidiarias la Costa Rica Banana Company
y la Northern Railway Company y
la International Radio Telegraph Company
y la Costa Rica Supply Company

pelean en los tribunales contra un huérfano.

El costo del descarrilamiento son 25 dólares de indemnización (pero hubiera sido más caro componer la línea férrea).

Y los diputados, más baratos que las mulas —decía Zemurray.
Sam Zemurray, el turco vendedor de bananas al menudeo
en Mobile, Alabama, que un día hizo un viaje a Nueva Orleáns
y vio en los muelles de la United echar los bananos al mar
y ofreció comprar toda la fruta para fabricar vinagre,
la compró, y la vendió allí mismo en Nueva Orleáns
y la United tuvo que darle tierras en Honduras
con tal que renunciara a su contrato en Nueva Orleáns,
y así fue como Sam Zemurray buso bresidentes en Jonduras.
Provocó disputas fronterizas entre Guatemala y Honduras
(que eran entre la United Fruit Company y su compañía)
proclamando que no debía perder Honduras (su compañía)
"una pulgada de tierra no sólo en la franja disputada,
sino también en cualquier otra zona hondureña
(de su compañía) no en disputa..."
(mientras la United defendía los derechos de Honduras
en su litigio con Nicaragua Lumber Company)
hasta que la disputa cesó porque se alió con la United
y después le vendió todas sus acciones a la United
y con el dinero de la venta compró acciones en la United
y con las acciones cogió por asalto la presidencia de Boston
(juntamente con sus empleados presidentes de Honduras)
y ya fue dueño igualmente de Honduras y Guatemala
y quedó abandonada la disputa de las tierras agotadas
que ya no le servían ni a Guatemala ni a Honduras.

Había un nicaragüense en el extranjero,
un "nica" de Niquinohomo,
trabajando en la Huasteca Petroleum Co., de Tampico.
Y tenía economizados cinco mil dólares.
Y no era ni militar ni político.
Y cogió tres mil dólares de los cinco mil
y se fue a Nicaragua a la revolución de Moncada.
Pero cuando llegó, Moncada estaba entregando las armas.
Pasó tres días, triste, en el Cerro del Común.
Triste, sin saber qué hacer.
Y no era ni político ni militar.
Pensó, y pensó, y se dijo por fin:
Alguien tiene que ser.
            Y entonces escribió su primer manifiesto.

El Gral. Moncada telegrafía a los americanos:
TODOS MIS HOMBRES ACEPTAN LA RENDICIÓN MENOS UNO.
Mr. Stimpson le pone un ultimátum.
"El pueblo no agradece nada..."
            le manda a decir Moncada.
Él reúne a sus hombres en el Chipote:
29 hombres (y con él 30) contra EE.UU.
      MENOS UNO.

("Uno de Niquinohomo...")

—Y con él 30!
"El que se mete a redentor muere crucificado"
le manda otra vez a decir Moncada.
Porque Moncada y Sandino eran vecinos;
Moncada de Masatepe y Sandino de Niquinohomo.
Y Sandino le contesta a Moncada:
"La muerte no tiene la menor importancia."
Y a Stimpson: "Confío en el valor de mis hombres..."
Y a Stimpson, después de la primera derrota:
"El que cree que estamos vencidos
                    no conoce a mis hombres."
Y no era ni militar ni político.
Y sus hombres:
                    muchos eran muchachos,
con sombreros de palma y con caites
o descalzos, con machetes, ancianos
de barba blanca, niños de doce años con sus rifles,
blancos, indios impenetrables, y rubios, y negros murrucos,
con los pantalones despedazados y sin provisiones,
los pantalones hechos jirones,
desfilando en fila india con la bandera adelante
—un harapo levantado en un palo de la montaña—
callados debajo de la lluvia, y cansados,
chapoteando los caites en los charcos del pueblo
                    ¡Viva Sandino!

y de la montaña venían, y a la montaña volvían,
marchando, chapoteando; con la bandera adelante.
Un ejército descalzo o con caites y casi sin armas
que no tenía ni disciplina ni desorden
y donde ni los jefes ni la tropa ganaban paga
pero no se obligaba a pelear a nadie:
y tenían jerarquía militar pero todos eran iguales
sin distinción en la repartición de la comida
y el vestido, con la misma ración para todos.
Y los jefes no tenían ayudantes:
más bien como una comunidad que como un ejército
y más unidos por amor que por disciplina militar
aunque nunca ha habido mayor unidad en un ejército.
Un ejército alegre, con guitarras y con abrazos.
Una canción de amor era su himno de guerra:

> *Si Adelita se fuera con otro*
> *La seguiría por tierra y por mar*
> *Si por mar en un buque de guerra*
> *Y si por tierra en un tren militar.*

"El abrazo es el saludo de todos nosotros",
decía Sandino —y nadie ha abrazado como él.
Y siempre que hablaban de ellos decían *todos*:
"Todos nosotros..." "Todos somos iguales."
"Aquí todos somos hermanos", decía Umanzor.

Y todos estuvieron unidos hasta que los mataron a todos.
Peleando contra aeroplanos con tropas de zacate,
sin más paga que la comida y el vestido y las armas,
y economizando cada bala como si fuera de oro;
con morteros hechos con tubos
y con bombas hechas con piedras y pedazos de vidrios,
rellenas con dinamita de las minas y envueltas en cueros;
con granadas fabricadas con latas de sardinas.

"He is a bandido", decía Somoza, "a bandolero".
Y Sandino nunca tuvo propiedades.
Que traducido al español quiere decir:
Somoza le llamaba a Sandino bandolero.
Y Sandino nunca tuvo propiedades.
Y Moncada le llamaba bandido en los banquetes
y Sandino en las montañas no tenía sal
y sus hombres tiritando de frío en las montañas,
y la casa de su suegro la tenía hipotecada
para libertar a Nicaragua, mientras en la Casa Presidencial
Moncada tenía hipotecada a Nicaragua.
"Claro que no es" —dice el Ministro Americano
riendo— "pero le llamamos bandolero en sentido técnico."

¿Qué es aquella luz allá lejos? ¿Es una estrella?
Es la luz de Sandino en la montaña negra.
Allá están él y sus hombres junto a la fogata roja

con sus rifles al hombro y envueltos en sus colchas,
fumando o cantando canciones tristes del Norte,
los hombres sin moverse y moviéndose sus sombras.

Su cara era vaga como la de un espíritu,
lejana por las meditaciones y los pensamientos
y seria por las campañas y la intemperie.
Y Sandino no tenía cara de soldado,
sino de poeta convertido en soldado por necesidad,
y de un hombre nervioso dominado por la serenidad.
Había dos rostros superpuestos en su rostro:
una fisonomía sombría y a la vez iluminada;
triste como un atardecer en la montaña
y alegre como la mañana en la montaña.
En la luz su rostro se le rejuvenecía,
y en la sombra se le llenaba de cansancio.
Y Sandino no era inteligente ni era culto
pero salió inteligente de la montaña.
"En la montaña todo enseña" decía Sandino
(soñando con las Segovias llenas de escuelas)
y recibía mensajes de todas las montañas
y parecía que cada cabaña espiaba para él
(donde los extranjeros fueran como hermanos
todos los extranjeros hasta los "americanos")
                    —"hasta los yanquis..."
Y: "Dios hablará por los segovianos..." decía.

"Nunca creí que saldría vivo de esta guerra
pero siempre he creído que era necesaria..."
Y: "¿Creen que yo voy a ser latifundista?"

Es medianoche en las montañas de las Segovias.
¡Y aquella luz es Sandino! Una luz con un canto...

> *Si Adelita se fuera con otro.*

Pero las naciones tienen su sino.
Y Sandino no fue nunca presidente
sino que el asesino de Sandino fue el presidente
¡y 20 años presidente!

> *Si Adelita se fuera con otro*
> *La seguiría por tierra y por mar.*

Se firmó el desarme. Cargaron las armas en carretas.
Guatuceros amarrados con cabuyas, rifles sarrosos
y unas cuantas ametralladoras viejas.
Y las carretas van bajando por la sierra.

> *Si por mar en un buque de guerra*
> *Y si por tierra en un tren militar.*

Telegrama del Ministro Americano (Mr. Lane)

al Secretario de Estado —Depositado en Managua
el 14 de febrero de 1934 a las 6:5 p. m.
y recibido en Washington a las 8:50 p. m.:
                    "Informado por fuente oficial
                    que el avión no pudo aterrizar en Wiwilí
                    y por tanto la venida de Sandino se retrasa. . . "

El telegrama del Ministro Americano (Mr. Lane)
al Secretario de Estado el 16 de febrero
anunciando la llegada de Sandino a Managua
Not Printed
no fue publicado en la memoria del Depto. de Estado.

Como la guardatinaja que salió del matorral
a la carretera y es acorralada por los perros
y se queda parada delante de los tiradores
porque sabe que no tiene para dónde correr. . .

I talked with Sandino for half an hour
—dijo Somoza al Ministro Americano—
but I can't tell you what he talked about
because I don't know what he talked about
because I don't know what he talked about.

"Y ya verán que yo no tendré nunca propiedades". . .
Y: "Es in-cons-ti-tu-cio-nal", decía Sandino.

"La Guardia Nacional es inconstitucional."
"An insult!", dijo Somoza al Ministro Americano
el VEINTIUNO DE FEBRERO a las 6 de la tarde,
"An insult! I want to stop Sandino."

Cuatro presos están cavando un hoyo.
"¿Quién se ha muerto?", dijo un preso.
"Nadie", dijo el guardia.
"Entonces ¿para qué es el hoyo?"
"Qué perdés", dijo el guardia, "seguí cavando."

El Ministro Americano está almorzando con Moncada.
"Will you have coffee, sir?"
Moncada se mantiene mirando a la ventana.
"Will you have coffee, sir?
It's a very good coffee, sir."
"What?" Moncada aparta la mirada de la ventana
y mira al criado: "Oh, yes, I'll have coffee."
Y se rió. "Certainly."

En un cuartel cinco hombres están en un cuarto cerrado
con centinelas en las puertas y las ventanas.
A uno de los hombres le falta un brazo.
Entra el jefe gordo con condecoraciones y les dice: "Yes."

Otro hombre va a cenar esa noche con el Presidente

(el hombre para el que estuvieron cavando el hoyo)
y les dice a sus amigos: "Vámonos. Ya es hora."
Y suben a cenar con el Presidente de Nicaragua.
A las 10 de la noche bajan en automóvil a Managua.
En mitad de la bajada los detienen los guardias.
A los dos más viejos se los llevan en un auto
y a los otros tres en otro auto para otro lado,
a donde cuatro presos estuvieron cavando un hoyo.
"¿Adónde vamos?"
preguntó el hombre para el que hicieron el hoyo.
Y nadie le contestó.

Después el auto se paró y un guardia les dijo:
"Salgan". Los tres salieron,
y un hombre al que le faltaba un brazo gritó "¡Fuego!"

"I was in a Concierto", dijo Somoza.
Y era cierto, había estado en un concierto
o en un banquete o viendo bailar a una bailarina o
quién sabe qué mierda sería—.
Y a las 10 de la noche Somoza tuvo miedo.
De pronto afuera repicó el teléfono.
"¡Sandino lo llama por teléfono!"
Y tuvo miedo. Uno de sus amigos le dijo:
"No sea pendejo, ¡jodido!"
Somoza mandó no contestar el teléfono.

La bailarina seguía bailando para el asesino.
Y afuera en la oscuridad siguió repicando
                    y repicando el teléfono.

A la luz de una lámpara tubular,
cuatro guardias están cerrando un hoyo.
Y a la luz de una luna de febrero.

Es hora en que el lucero nistoyolero de Chontales
levanta a las inditas a hacer nistoyol,
y salen el chiclero, el maderero y el raicillero
con los platanales todavía plateados por la luna,
con el grito del coyotesolo y el perico melero
y el chiflido de la lechuza a la luz de la luna.
La guardatinaja y la guatuza salen de sus hoyos
y los pocoyos y cadejos se esconden en los suyos.
La Llorona va llorando a la orilla de los ríos:
"¿Lo hallaste?" "¡No!" "¿Lo hallaste?" "¡No!"
Un pájaro se queja como el crujido de un palo,
después la cañada se calla como oyendo algo,
y de pronto un grito... El pájaro pronuncia
la misma palabra triste, la misma palabra triste.
Los campistos empiezan a totear sus vacas:
Tóoo-tó-tó-tó; Tóoo-tó-tó-tó; Tóoo-tó-tó-tó:
los lancheros levantan las velas de sus lanchas;
el telegrafista de San Rafael del Norte telegrafía:

BUENOS DÍAS SIN NOVEDAD EN SAN RAFAEL DEL NORTE
y el telegrafista de Juigalpa: SIN NOVEDAD EN JUIGALPA.
Y las tucas van bajando por el Río Escondido
con los patos gritando cuá-cuá-cuá, y los ecos,
los ecos, mientras el remolcador va con las tucas
resbalando sobre el verde río de vidrio
hacia el Atlántico...

Y mientras en los salones del Palacio Presidencial
y en los patios de las prisiones y en los cuarteles
y la Legación Americana y la Estación de Policía
los que velaron esa noche se ven en el alba lívida
con las manos y las caras como manchadas de sangre.

"I did it", dijo después Somoza.
"I did it, for the good of Nicaragua."

Y William Walker dijo cuando lo iban a matar:
"El Presidente de Nicaragua es nicaragüense."

En abril, en Nicaragua, los campos están secos.
Es el mes de las quemas de los campos,
del calor, y los potreros cubiertos de brasas.
y los cerros que son de color de carbón:

43

del viento caliente, y el aire que huele a quemado,
y de los campos que se ven azulados por el humo
y las polvaredas de los tractores destroncando;
de los cauces de los ríos secos como caminos
y las ramas de los palos peladas como raíces;
de los soles borrosos y rojos como sangre
y las lunas enormes y rojas como soles,
y las quemas lejanas, de noche, como estrellas.

En mayo llegan las primeras lluvias.
La hierba tierna renace de las cenizas.
Los lodosos tractores roturan la tierra.
Los caminos se llenan de mariposas y de charcos,
y las noches son frescas, y cargadas de insectos,
y llueve toda la noche. En mayo
florecen los malinches en las calles de Managua.
Pero abril en Nicaragua es el mes de la muerte.

En abril los mataron.
Yo estuve con ellos en la rebelión de abril
y aprendí a manejar una ametralladora Rising.
                    Y Adolfo Báez Bone era mi amigo:
Lo persiguieron con aviones, con camiones,
con reflectores, con bombas lacrimógenas,
con radios, con perros, con guardias;
y yo recuerdo las nubes rojas sobre la Casa Presidencial
como algodones ensangrentados,

y la luna roja sobre la Casa Presidencial.
La radio clandestina decía que vivía.
El pueblo no creía que había muerto.
                    (Y no ha muerto.)

Porque a veces nace un hombre en una tierra
                    que es esa tierra.
Y la tierra en que es enterrado ese hombre
                    es ese hombre.
Y los hombres que después nacen en esa tierra
                    son ese hombre.
Y Adolfo Báez Bone era ese hombre.

"Si a mí me pusieran a escoger mi destino
(me había dicho Báez Bone tres días antes)
entre morir asesinado como Sandino
o ser Presidente como el asesino de Sandino
yo escogería el destino de Sandino."
                    Y él escogió su destino.
La gloria no es la que enseñan los textos de historia:
es una zopilotera en un campo y un gran hedor.

                    Pero cuando muere un héroe
                            no se muere:
                    sino que ese héroe renace
                            en una Nación.

45

Después EE.UU. le mandó más armas a Somoza;
como media mañana estuvieron pasando las armas;
camiones y camiones cargados con cajones de armas;
todos marcados U.S.A. MADE IN U.S.A.,
armas para echar más presos, para perseguir libros,
para robarle a Juan Potosme cinco pesos.
Yo vi pasar esas armas por la Avenida Roosevelt.
Y la gente callada en las calles las veía pasar:
el flaco, el descalzo, el de la bicicleta,
el negro, el trompudo, aquella la de amarillo,
el alto, el chele, el pelón, el bigotudo,
el ñato, el chirizo, el murruco, el requeneto:
y la cara de toda esa gente
                    era la de un ex teniente muerto.

La música de los mambos bajaba hasta Managua.
Con sus ojos rojos y turbios como los de los tiburones
pero un tiburón con guardaespaldas y con armamentos
(*Eulamia nicaragüensis*)
Somoza estaba bailando mambo
                         mambo mambo
                         qué rico el mambo
cuando los estaban matando.
Y Tachito Somoza (el hijo) sube a la Casa Presidencial
a cambiarse una camisa manchada de sangre
por otra limpia.

                    Manchada de sangre con chile.
Los perros de la prisión aullaban de lástima.
Los vecinos de los cuarteles oían los gritos.
Primero era un grito solo en mitad de la noche,
y después más gritos y más gritos
y después un silencio... Después una descarga
y un tiro solo. Después otro silencio,
                    y una ambulancia.

¡Y en la cárcel otra vez están aullando los perros!
El ruido de la puerta de hierro que se cierra
detrás de vos y entonces empiezan las preguntas
y la acusación, la acusación de conspiración
y la confesión, y después las alucinaciones,
la foto de tu esposa relumbrando como un foco
delante de vos y las noches llenas de alaridos
y de ruidos y de silencio, un silencio sepulcral,
y otra vez la misma pregunta, la misma pregunta,
y el mismo ruido repetido y el foco en los ojos
y después los largos meses que siguieron.
¡Ah poder acostarse uno esta noche en su cama
sin temor a ser levantado y sacado de su casa,
a los golpes en la puerta y al timbre de noche!

Suenan tiros en la noche, o parecen tiros.
Pasan pesados camiones, y se paran,

y siguen. Uno ha oído sus voces.
Es en la esquina. Estarán cambiando de guardia.
Uno ha oído sus risas y sus armas.
El sastre de enfrente ha encendido la luz.
Y pareció que golpearon aquí. O donde el sastre.
¡Quién sabe si esta noche vos estás en la lista!
Y sigue la noche. Y falta mucha noche todavía.
Y el día no será sino una noche con sol.
La quietud de la noche bajo el gran solazo.

El Ministro Americano Mr. Whelan
asiste a la fiesta de la Casa Presidencial.
Las luces de la Presidencial se ven desde todo Managua.
La música de la fiesta llega hasta las celdas de los presos
en la quieta brisa de Managua bajo la Ley Marcial.
Los presos en sus celdas alcanzan a oír la música
entre los gritos de los torturados en las pilas.
Arriba en la Presidencial Mr. Whelan dice:

                                    Fine party!

Como le dijo a Sumner Welles el sonofabitch de Roosevelt:
"Somoza is a sonofabitch

                    but he's ours."
Esclavo de los extranjeros

                    y tirano de su pueblo
impuesto por la intervención

48

y mantenido por la no intervención:

SOMOZA FOREVER

El espía que sale de día
El agente que sale de noche
y el arresto de noche:
Los que están presos por hablar en un bus
o por gritar un Viva
o por un chiste.
"Acusado de hablar mal del Sr. Presidente..."
Y los juzgados por un juez con cara de sapo
o en Consejos de Guerra por guardias con caras de perro;
a los que han hecho beber orines y comer mierda
(cuando tengáis Constitución recordadlos)
los de la bayoneta en la boca y la aguja en el ojo,
las pilas electrizadas y el foco en los ojos.
—"Es un hijueputa, Mr. Welles, pero es de nosotros."
Y en Guatemala, en Costa Rica, en México,
los exiliados de noche se despiertan gritando,
soñando que les están aplicando otra vez la "maquinita",
o que están otra vez amarrados
y ven venir a Tachito con la aguja.
"...Y galán, hombré..."

                    (decía un campesino).

"Sí, era él. Y galán, hombré...
Blanco, con su camisita amarilla

49

de manga corta.
                    Galán, el jodido."

Cuando anochece en Nicaragua la Casa Presidencial
se llena de sombras. Y aparecen caras.
Caras en la oscuridad.
                    Las caras ensangrentadas.
Adolfo Báez Bone; Pablo Leal sin lengua;
Luis Gabuardi mi compañero de clase al que quemaron vivo
y murió gritando ¡Muera Somoza!
La cara del telegrafista de 16 años
(y no se sabe ni siquiera su nombre)
que trasmitía de noche mensajes clandestinos
a Costa Rica, telegramas temblorosos a través
de la noche, desde la Nicaragua oscura de Tacho
(y no figurará en los textos de historia)
y fue descubierto, y murió mirando a Tachito;
su cara lo mira todavía. El muchacho
al que encontraron de noche pegando papeletas
                    SOMOZA ES UN LADRÓN
y es arriado al monte por unos guardias riendo...
Y tantas otras sombras, tantas otras sombras;
las sombras de las zopiloteras de Wiwilí;
la sombra de Estrada; la sombra de Umanzor;
la sombra de Sócrates Sandino;
y la gran sombra, la del gran crimen,

50

la sombra de Augusto César Sandino.
Todas las noches en Managua la Casa Presidencial
se llena de sombras.

Pero el héroe nace cuando muere
y la hierba verde renace de los carbones.

Postales europeas

Detrás de los balcones de hierro florido,
                                    el mar rosa.
Toldos rayados y sombrillas de colores,
y voces de muchachas en la cancha de tenis
                              bajo los laureles.

O el balcón donde la muchacha cuelga sus medias.
Medias entre claveles. Una jaula de canarios.
Rojos tejados con musgo, y detrás el mar. Abajo
el callejón
con olor a sardinas fritas, el grito
del vendedor de ostras,
                        y una vitrola.

Hoteles blancos bordeando la bahía.
Mar azul de prusia bajo cielo cobalto.

Redes tendidas a secar olorosas a algas,
y los viejos remendando las redes.
Y hay una torre allá entre los robledales,
y tres torreones derruidos sobre unas rocas.

El paseo bajo los tilos, junto al foso.
El castillo de ladrillos amarillos.

Colinas, y murallas amarillas sobre ellas,
las sombras de las nubes sobre los olivares,
y el canto de unas mujeres recogiendo aceitunas.

O hay una torre redonda:
Piedra cubierta de hiedra. Mar azul
tras las almenas.
                              Una vela
en el mar.
Un vuelo de gaviotas blancas.

Pasa una carreta cargada de muchachas
por el camino bordeado de castaños en flor.
Y el olor de la flor del castaño.
El silbido de un zagal a lo lejos. Un toque
de cuerno.
Un rebaño dorado hacia la puesta de sol.

Una torre reflejándose en el río,
y son iguales la real y la irreal.

Un humo leve se levanta de una aldea
                con una flauta.
Hay un arado lodoso tirado en una huerta
                (y un canto con la flauta)

Humo, gaviotas sucias, el pito
de los barcos,
las grúas y los mástiles bajo el cielo plomo,

humo plomo y olor a ozono,
el grito de los vendedores ambulantes,
y un fado...
                    Y el olor de la noche salada.
Las luces lejanas de los hoteles y de los cines.

Palacios reflejados en el agua podrida.
Las góndolas negras con negros gondoleros.
Cuerdas gruesas, agua grasienta, un barril en el muelle.
El buque gris de la Marina de USA.
Y el agua de noche golpeando las gradas
o chapoteando debajo de las lanchas
y las lanchas chocando contra el muelle
o chocando lancha contra lancha.
La laguna iluminada de luces rojas y verdes,
y la luz de una góndola, y el ruido del remo...

2 am

2 AM. Es la hora del Oficio Nocturno, y la iglesia
en penumbra parece que está llena de demonios.
Ésta es la hora de las tinieblas y de las fiestas.
La hora de mis parrandas. Y regresa mi pasado.
            "Y mi pecado está siempre delante de mí."

Y mientras recitamos los salmos, mis recuerdos
interfieren el rezo como radios y como roconolas.
Vuelven viejas escenas de cine, pesadillas, horas
solas en hoteles, bailes, viajes, besos, bares.
Y surgen rostros olvidados. Cosas siniestras.
Somoza asesinado sale de su mausoleo. (Con
Sehón, rey de los amorreos, y Og, rey de Basán.)
Las luces del "Copacabana" rielando en el agua negra
del malecón, que mana de las cloacas de Managua.
Conversaciones absurdas de noches de borrachera
que se repiten y se repiten como un disco rayado.
Y los gritos de las ruletas, y las roconolas.
            "Y mi pecado está siempre delante de mí."

Es la hora en que brillan las luces de los burdeles
y las cantinas. La casa de Caifás está llena de gente.
Las luces del palacio de Somoza están prendidas.
Es la hora en que se reúnen los Consejos de Guerra
y los técnicos en torturas bajan a las prisiones.
La hora de los policías secretos y de los espías,
cuando los ladrones y los adúlteros rondan las casas
y se ocultan los cadáveres. Un bulto cae al agua.
Es la hora en que los moribundos entran en agonía.
La hora del sudor en el huerto, y de las tentaciones.
Afuera los primeros pájaros cantan tristes,
llamando al sol. Es la hora de las tinieblas.
Y la iglesia está helada, como llena de demonios,
mientras seguimos en la noche recitando los salmos.

Como latas de cerveza vacías

Como latas de cerveza vacías y colillas
de cigarrillos apagados, han sido mis días.
Como figuras que pasan por una pantalla de televisión
y desaparecen, así ha pasado mi vida.
Como los automóviles que pasaban rápidos por las carreteras
con risas de muchachas y música de radios...
Y la belleza pasó rápida, como el modelo de los autos
y las canciones de los radios que pasaron de moda.
Y no ha quedado nada de aquellos días, nada,
más que latas vacías y colillas apagadas,
risas en fotos marchitas, boletos rotos,
y el aserrín con que al amanecer barrieron los bares.

En la noche iluminada de palabras

En la noche iluminada de palabras:
                          PEPSI-COLA
PALMOLIVE CHRYSLER COLGATE CHESTERFIELD
que se apagan y se encienden y se apagan y se encienden,
las luces rojas verdes azules de los hoteles y de los bares
y de los cines, los trapenses se levantan al coro
y encienden sus lámparas fluorescentes
y abren sus grandes Salterios y sus Antifonarios
entre millones de radios y de televisiones.
¡Son las lámparas de las vírgenes prudentes esperando
al esposo en la noche de los Estados Unidos!

En Pascua resucitan las cigarras

En Pascua resucitan las cigarras
—enterradas 17 años en estado de larva—
millones y millones de cigarras
que cantan y cantan todo el día
y en la noche todavía están cantando.
Sólo los machos cantan:
las hembras son mudas.
Pero no cantan para las hembras:
porque también son sordas.
Todo el bosque resuena con el canto
y sólo ellas en todo el bosque no los oyen.
¿Para quién cantan los machos?
¿Y por qué cantan tanto? ¿Y qué cantan?
Cantan como trapenses en el coro
delante de sus Salterios y sus Antifonarios
cantando el Invitatorio de la Resurrección.
Al fin del mes el canto se hace triste,
y uno a uno van callando los cantores,
y después sólo se oyen unos cuantos,
y después ni uno. Cantaron la resurrección.

Llamadas

Puedes recibir la llamada que has estado esperando.
La llamada que te diga que tu número fue el premiado.
Contestaste la pregunta del radio. Ganaste
la muestra de crema, la licuadora, ganaste
el viaje a Hawai.
Pero a pesar de la licuadora ABSOLUTAMENTE GARANTIZADA
Y LA FANTÁSTICA CREMA QUE VUELVE LA PIEL ATERCIOPELADA
te suicidas con barbitúricos.

                    O a pesar de haber ganado
a pesar del radar
                subes a un Comet 4C con destino
a Los Ángeles Calif., con destino a Honolulu
que después el RB-47 de reconocimiento ya no encuentra.
O te quedas esperando una llamada que no llega
esperando la llegada del amor con un nuevo maquillaje
y te llamaron hace tiempo
                   y fue aquel NÚMERO EQUIVOCADO.
O te están llamando por teléfono
                 y llamando y llamando
y ése sí es tu número pero tú no estás

tú has salido de casa
                    y es la policía para avisar
que tu cuerpo fue identificado en la estación de policía.

NNO

Cuando nazcan los zorritos y los renacuajos,
y la mariposa macho baile delante de la hembra,
y los martín-pescadores junten sus picos,
y se haga más larga la luz y crezcan los ovarios,
las golondrinas volverán del sur...
¿Volverán del sur?
                    "Las obscuras golondrinas"
las que volaron en Septiembre al África del Norte
cubriendo los alambres del telégrafo,
ensombreciendo las tardes,
llenando el cielo de voces,
ésas no volverán.

Y las anguilas que bajaron por los ríos de África
hasta llegar al Mar de los Sargazos,
a celebrar sus nupcias con traje de boda plateados
como las damas de la corte del Rey Don Juan:
¿Qué se ficieron?
                    ¿Los palolos de los mares del Sur
que suben a la superficie a su fiesta de la fecundación

en el plenilunio de Noviembre
y cubren esas noches todo el mar de una espuma fosforescente
y se hunden otra vez en el mar y no vuelven?

Y las doradas *Catopsilias* ataviadas como la Reina Thi
emigran en otoño al NNO
dejando atrás el néctar, las flores y la cópula,
mientras adelante sólo tienen las olas, la sal, la soledad del mar
y la muerte (el nornoroeste)
          NNO
pero su dirección es siempre NNO

Murder, Inc.

Sales de tu oficina y vas a tu casa donde te esperan
tu esposa y tu refrigeradora rumorosa y repleta
tu living-room confortable y tu highball y tu radio
y escuchas a las 8 el programa de crímenes.
¿Pero crees que los crímenes existen sólo en los radios
y que no existen también en los living-rooms?
                    Tú no has matado nunca a nadie con un tubo.
Tú eres una persona decente
                    un hombre honrado
¿Pero no será esa honradez una mera 'coartada'?
Tú no eres el hombre que puso la bomba en el avión.
No eres el que están buscando los radio-patrullas
        "bajo, gordo y afable, con anteojos sin aro"
(aunque eres gordo y afable, con anteojos sin aro).
Tú no eres "el hombre del traje gris" claro está.
Tus huellas digitales probarían que no eres.
                    Pero tal vez no...
¿Qué tal si el jefe de los gángsters dice tu nombre
si declara que tú también eres de la Mafia?

¿Que tú te beneficiaste en el robo de joyas?

(dinos si no cómo compraste la refrigeradora)
¿Que el dinero de la anciana asesinada en el parque
después de muchas vueltas fue a dar a tus manos?
¿Y que el dinero que la banda robó en el banco
tú lo depositaste después en el mismo banco?
¿Que en tu vida hay algo que ver con la trata de blancas?
¿Y si te siguieron los detectives en la calle
cuando subiste al taxi y bajaste del taxi
y cuando entraste al bar y saliste del bar
y a todos con los que hablaste los fueron siguiendo
y a todos con los que hablaron esos otros?
¿Y si todas tus conversaciones fueron tomadas en dictáfono?
¿Y qué puedes decir ahora?

Managua 6:30 pm

En la tarde son dulces los neones .
y las luces de mercurio, pálidas y bellas...
Y la estrella roja de una torre de radio
en el cielo crepuscular de Managua
es tan bonita como Venus
y un anuncio ESSO es como la luna

las lucecitas rojas de los automóviles son místicas

(El alma es como una muchacha besuqueada detrás de un auto)
        TACA   BUNGE   KLM   SINGER
        MENNEN   HTM   GÓMEZ   NORGE
        RPM   SAF   ÓPTICA   SELECTA
proclaman la gloria de Dios!
 (Bésame bajo los anuncios luminosos oh Dios)
        Kodak TROPICAL RADIO F & C REYES
en muchos colores
deletrean tu Nombre.
                        "Transmiten

la noticia..."

Otro significado
no lo conozco
Las crueldades de esas luces no las defiendo
Y si he de dar un testimonio sobre mi época
es éste: Fue bárbara y primitiva
pero poética.

"Los paraísos más económicos del Caribe..."

El Paraíso no está en Paria
              como creyó don Cristóbal Colón
...muy lindas tierras, atán fermosas y verdes
como las huertas de Valencia en Marzo...
...temperancia suavísima y las tierras y árboles
como en Abril en las huertas de Valencia...
Ni
en Antigua donde la temperatura no sube de 80°
y el baño es casi perfecto, y hay electricidad
y no hay malaria, y hay tres campos de golf
ni en Grenada sin enfermedades tropicales ni huracanes
con canchas de tennis y golf y un night-club
ni
en Santa Lucía
              paraíso de los pintores y fotógrafos
ni en la Isla del Caimán (sin impuesto sobre la renta)
donde Ud. puede todavía buscar un tesoro de pirata
—y vivir en un hotel por $6.00 Dls. al día—.
No. No se llega por las Agencias de Turismo
Tú estás diciendo desde el Calvario:

«hoy estarás conmigo en el Paraíso...»
Y no es Tobago
                a sólo 7 horas de Nueva York
          UN PARAÍSO TROPICAL DE PRECIOS MODERADOS
donde con $2.000 Dls. al año puede vivir una pareja
en un bungalow junto al mar, con electricidad y radio
entre mangos cocos guavas flores exóticas
y el ron es barato y no se gasta en vestidos
porque se vive en shorts y camisa sport
Ni las Islas Vírgenes (Inglesas)
                        «un perfecto paraíso
si no fuera por el inconveniente de que no hay un
        dentista»
Pero yo el Paraíso lo conozco
no es el de las Agencias de Turismo
            donde estamos tú y yo es el Paraíso.

Foto

Los rostros que aquí ríen en esta foto amarilla
con un fondo de olas borrosas y una roca borrosa
¿adónde estarán riendo ahora —si todavía se ríen?
Unos estarán lejos. Las muchachas están viejas.
Mauricio ya está muerto. Sólo este mar está lo mismo.
Sólo las olas no han cambiado:
es la «Peña de los Novios»
y todavía están las mismas olas frescas reventando.

Kentucky

Kentucky es un segundo paraíso dijo Daniel Boone.
Fue en busca de Kentucky andando hacia el oeste,
y divisó desde un monte la planicie de Kentucky,
los búfalos paciendo como en haciendas de ganado
y el silencioso Ohio que corría por las anchas llanuras
bordeando Kentucky...

                      (y que ahora huele a fenol).

Forest Grove Prairie Village Park Forest Deer Park
          ¡los nombres de la frontera!
ahora son nombres de fraccionamientos suburbanos.
Los buses cruzan las praderas donde pastaban los búfalos.
Donde acampó una vez el pionero de la frontera
que emigraba en una canoa hacia el río Missouri
con su carabina y tomahawk y sus trampas de castor,
siguiendo a los castores,

ahora resuena el rumor de las rozadoras de pasto,
el tintinear de los highballs, las risas, el ronco radio,
los gritos del juego de croquet y de volleyball

y el golpe sordo de la bola de baseball en el guante.
Desde una ventana abierta se eleva un high fidelity
y, con el olor de carnes al carbón, flota en la noche.
Todo estaba quieto...
                    —escribe Daniel Boone—
Encendí una fogata junto a una fuente
para asar el lomo de un gamo que había matado.
Los lobos aullaban toda la noche...

Y ahora en el Ohio desembocan todas las cloacas,
desperdicios industriales, sustancias químicas.
Los detergentes de las casas han matado a los peces,
y el Ohio huele a fenol...

Estrella encontrada muerta en Park Avenue

Me despertaron los rayos
como un ruido de mudanzas y de rodar de muebles en un piso de arriba
y después como millones de radios
o de trenes subterráneos
o aviones de bombardeo
y parecía que venían todos los rayos del mundo
a los pararrayos de los rascacielos de Nueva York
y corrían desde la Catedral de St. John the Divine hasta el edificio del Times
      No nos hables Tú. No nos hables Tú que moriremos
desde la torre de Woolworth hasta el edificio del Chrysler
y los relámpagos iluminando los rascacielos como fotógrafos
      Que nos hable Moisés.
      No nos hables Tú que moriremos
"Debe haber muerto anoche como a las 3 a.m."
dijo después el New York Times.
Yo estaba despierto entonces. Me despertaron los rayos.
El cielo constelado de apartamentos y de baños
las luces de legítimos e ilegítimos amores
y de los que rezan, o roban allá arriba una caja de hierro

o violan a una muchacha con un radio a todo volumen
o se masturban, o no pueden dormir
y los que se están desvistiendo (y sus cortinas que se corren)
Y el ruido de los Elevados de la 3ª Avenida
y los trenes que en la Calle 125 salen de la tierra
y nuevamente se hunden,
un autobús parándose y acelerando en una esquina
(bajo la lluvia), el grito, tal vez, de una mujer en el parque,
y el alarido de las ambulancias en las calles desiertas
o los rojos bomberos que no sabemos si corren al número nuestro
"...Su cuerpo fue encontrado por Max Hilton, el artista,
que dijo a la policía lo encontró en el piso del baño,
el dibujo del piso grabado en su mejilla mojada
y apretando aún en su mano un frasco de píldoras blancas,
y en el aposento un radio sonando a todo volumen
sin ninguna estación."

Apocalipsis

Y HE AQUÍ
que vi un ángel

(todas sus células eran ojos electrónicos)
y oí una voz supersónica
que me dijo: Abre tu máquina de escribir y escribe
y vi como un proyectil plateado que volaba
y de Europa a América llegó en 20 minutos
y el nombre del proyectil era Bomba H
(y el infierno lo acompañaba)
y vi como un platillo volador que caía del cielo
Y los sismógrafos registraron como un gran terremoto
y cayeron sobre la tierra todos los planetas artificiales
y el Presidente del Consejo Nacional de Radiación
el Director de la Comisión de Energía Atómica
el Secretario de Defensa
todos estaban metidos en sus cuevas
y el primer ángel tocó la sirena de alarma
y llovió del cielo Estroncio 90
Cesio 137
Carbono 14

y el segundo ángel tocó la sirena
y se rompieron todos los tímpanos de los oídos en un área de 300 millas
por el ruido de la explosión
y se quemaron todas las retinas que vieron la luz de la explosión
en un área de 300 millas
        y el calor del centro era semejante al del sol
y el acero el hierro el vidrio el concreto se evaporaron
      y cayeron convertidos en lluvia radioactiva
y se desató un viento huracanado con la fuerza del Huracán Flora
y 3 millones de automóviles y camiones volaron por los aires
y se estrellaron contra los edificios explotando
                      como cócteles Molotov

y el tercer ángel tocó la sirena de alarma
y vi sobre Nueva York un hongo
            y sobre Moscú un hongo
     y sobre Londres un hongo
             y sobre Peking un hongo
(y la suerte de Hiroshima fue envidiada)
Y todas las tiendas y todos los museos y las bibliotecas
y todas las bellezas de la tierra
        se evaporaron
y pasaron a tomar parte de la nube de partículas radioactivas
que flotaba sobre el planeta envenenándolo
     y la lluvia radioactiva a unos daba leucemia
         y a otros cáncer en el pulmón
     y cáncer en los huesos

                              y cáncer en los ovarios
y los niños nacían con cataratas en los ojos
y quedaron dañados los genes por 22 generaciones
                    —Y ésa fue llamada la Guerra de 45 Minutos—
        7 ángeles
llevaban unas copas de humo en las manos
                        (y era un humo como en forma de hongo)
y vi primero levantada sobre Hiroshima la gran copa
            (como una copa de crema o ice-cream envenenado)
        y sobrevino una úlcera maligna
y el segundo derramó su copa sobre el mar
            y todo el mar quedó radioactivo
                            y todos los peces murieron
y el tercero derramó una copa neutrónica
y fuele dado abrasar a los hombres con un fuego como el del sol
y el cuarto derramó su copa que era de Cobalto
y fuele dado a Babilonia beber el cáliz del vino de la cólera
y gritó la voz: Dadle el doble de megatones que ella dio!
Y el ángel que tenía el botón de esa bomba
                            apretó el botón
Y me dijeron: Eso que aún no has visto la Bomba de Tifu
            y la de Fiebre Q
Seguía yo mirando en la visión nocturna
y vi en mi visión como en una televisión
que salía de las masas
            una Máquina

terrible y espantable sobremanera
y era semejante a un oso o a un águila o un león con alas de avión y
muchas hélices y estaba toda llena de antenas y sus ojos eran radares
y su cerebro era un computador que calculaba el número de la Bestia
y rugía por medio de muchos micrófonos
                              y daba órdenes a los hombres
y todos los hombres temían a la Máquina
Asimismo vi en la visión los aviones
eran aviones más veloces que el sonido con bombas de 50 megatones
y ningún piloto los dirigía y sólo la Máquina los controlaba
y volaron en dirección a todas las ciudades de la tierra
y todos ellos hicieron blanco
Y dijo el ángel: ¿Reconoces dónde estuvo Columbus Circle?
              ¿Y dónde estuvo el edificio de las Naciones Unidas?
Y donde estuvo Columbus Circle
              yo sólo vi un hoyo en que cabía un edificio de 50 pisos
y donde estuvo el edificio de las Naciones Unidas
yo sólo vi un acantilado gris cubierto de musgo y cagadas de patos
y más allá las rocas rodeadas de espuma y las gaviotas gritando
Y en el cielo vi una gran luz
              como la explosión de un millón de megatones
y oí una voz que me dijo: Prende ese radio
y prendí el radio y oí: CAYÓ BABILONIA
                              CAYÓ LA GRAN BABILONIA
y todos los radios del mundo daban la misma noticia
Y el ángel me dio un cheque del National City Bank

y me dijo: Cambia este cheque
y en ningún banco lo pude cambiar porque todos los bancos habían quebrado
Los rascacielos eran como si nunca hubieran existido
Se iniciaron a la vez un millón de incendios y no había un bombero
y no había un teléfono para llamar una ambulancia y no había ambulancias
y para los heridos de una sola ciudad no había en todo el mundo
                                            suficiente plasma
Y oí otra voz del cielo que decía:
                              Sal de ella pueblo mío
para que no te contamine la Radioactividad
                    y para que no te alcancen los Microbios
          la Bomba de Ántrax
                        la Bomba de Cólera
          la Bomba de Difteria
                          la Bomba de Tularemia
Mirarán en la televisión el gran desastre
                  porque a Babilonia ya le cayó la Bomba
y dirán: Ay Ay Ay Ay la Ciudad Amada
los pilotos desde sus aviones la mirarán y temerán acercarse
los trasatlánticos quedarán anclados a distancia
temerosos de que caiga sobre ellos la lepra atómica
Y en todas las ondas sonoras se oía una voz que decía:
          ALELUYA
Y el ángel me llevó al desierto
                  y el desierto estaba florecido de laboratorios
y allí el Demonio hacía sus pruebas atómicas

y vi a la Gran Prostituta sentada sobre la Bestia
(la Bestia era una Bestia tecnológica toda cubierta de Slogans)
y la Prostituta empuñaba toda clase de cheques y de bonos y de acciones
y de documentos comerciales
y estaba borracha y cantaba con su voz de puta como en un night-club
y en la mano izquierda tenía una copa de sangre
y se emborrachaba con la sangre de todos los que ella había purgado
y de todos los torturados y los condenados en Consejos de Guerra
                              y todos los mártires de Jesús

y reía con sus dientes de oro
                         y el lipstick de sus labios era sangre
y el ángel me dijo: Esas cabezas que le ves a la Bestia son dictadores
y sus cuernos son líderes revolucionarios que aún no son dictadores
pero lo serán después
y lucharán contra el Cordero
                    y el Cordero los vencerá
Me dijo: Las naciones del mundo están divididas en 2 bloques
                                   ––Gog y Magog––

pero los 2 bloques son en realidad un solo bloque
(que está contra el Cordero)
               y caerá fuego del cielo y los devorará
Y vi en la biología de la Tierra una nueva Evolución
Era como si hubiera surgido en el espacio un Planeta Nuevo
La muerte y el infierno fueron arrojados en el mar de fuego nuclear
las clases ya no existían más
y vi una especie nueva que había producido la Evolución

la especie no estaba compuesta de individuos
sino que era un solo organismo
                                   compuesto de hombres en vez de células
y todos los biólogos estaban asombrados
Pero los hombres eran libres y esa unión de hombres era una Persona
                                   —y no una Máquina—
y los sociólogos estaban pasmados
Y los hombres que no formaron parte de esta especie
                                   quedaron hechos fósiles
y el Organismo recubría toda la redondez del planeta
y era redondo como una célula (pero sus dimensiones eran planetarias)
y la Célula estaba engalanada como una Esposa esperando al Esposo
y la Tierra estaba de fiesta
              (como cuando celebró la primera célula su Fiesta de Bodas)
y había un Cántico Nuevo
y todos los demás planetas habitados oyeron cantar a la Tierra
              y era un canto de amor

Nindirí

Nindirí es una ciudad sin casas y sin calles.
Desde lejos sólo se miran las cúpulas de sus árboles.
En vez de cuadras con casas son huertas y jardines;
y sus calles sin aceras, como caminos simétricos
entre fachadas de flores y de árboles frutales.
Las casas están adentro, entre los huertos.
Unas cuantas en cada cuadra: casas de paja,
o de madera pintada —blancas, rosadas y azules—
entre las veraneras rojas y moradas
y las primorosas rosadas y blancas,
jazmines-del-cabo, jalacates, jilinjoches,
papayas, mameyes, malinches y guayabas
y ropas rosadas y blancas tendidas a secar.
En las ramas hablan loras, verdes como las hojas,
y lapas con los colores de un ramillete de flores.
En las calles mojadas hay pétalos regados.
Y no hay más tráfico en ellas que el de las gallinas,
las mariposas que han sido atraídas por Nindirí
y las carretas de los vendedores de agua.
De tarde sale de las chozas el humo de la cena

con el rumor de las mujeres moliendo maíz
o palmeando las tortillas, y alguna guitarra.
(En uno de estos huertos, entre los malinches,
tendría su palacio el cacique Tenderí,
su dorado palacio de paja, con pisos de petate
donde él se sentaba rodeado de su corte
a beber chocolate en jícaras labradas
y cincuenta muchachas le hacían las tortillas.)
La plaza es como un bosque de palmeras y mangos
y malinches que cuando florecen son como llamaradas,
como si hubieran muchos incendios en el pueblo.
Los caballos y los burros pastaban en la plaza.
Y recuerdo que había una primorosa blanca
en mitad de la fachada de la iglesia.
Los sábados ponían banderas rojas en las casas
donde mataron chancho y venden nacatamales.
—Y de pronto me he acordado que estamos en junio
y que allá en Nindirí ya llegaron las lluvias,
y me imagino la plaza con los malinches en flor.

Oración por Marilyn Monroe

Señor
recibe a esta muchacha conocida en toda la tierra con el nombre de
      Marilyn Monroe
aunque ése no era su verdadero nombre
 (pero Tú conoces su verdadero nombre, el de la huerfanita violada a
      los 9 años
y la empleadita de tienda que a los 16 se había querido matar)
y que ahora se presenta ante Ti sin ningún maquillaje
sin su Agente de Prensa
sin fotógrafos y sin firmar autógrafos
sola como un astronauta frente a la noche espacial.

Ella soñó cuando niña que estaba desnuda en una iglesia
           (según cuenta el *Time*)
ante una multitud postrada, con las cabezas en el suelo
y tenía que caminar en puntillas para no pisar las cabezas.
Tú conoces nuestros sueños mejor que los psiquiatras.
Iglesia, casa, cueva, son la seguridad del seno materno
pero también algo más que eso...
Las cabezas son los admiradores, es claro

(la masa de cabezas en la oscuridad bajo el chorro de luz).
Pero el templo no son los estudios de la 20th Century-Fox.
El templo —de mármol y oro— es el templo de su cuerpo
en el que está el Hijo del Hombre con un látigo en la mano
expulsando a los mercaderes de la 20th Century-Fox
que hicieron de Tu casa de oración una cueva de ladrones.

Señor
en este mundo contaminado de pecados y radioactividad
Tú no culparás tan sólo a una empleadita de tienda.
Que como toda empleadita de tienda soñó ser estrella de cine.
Y su sueño fue realidad (pero como la realidad del tecnicolor).
Ella no hizo sino actuar según el script que le dimos
—El de nuestras propias vidas— Y era un script absurdo.
Perdónala Señor y perdónanos a nosotros
por nuestra 20th Century
por esta Colosal Super-Producción en la que todos hemos trabajado.
Ella tenía hambre de amor y le ofrecimos tranquilizantes.
Para la tristeza de no ser santos
                                se le recomendó el Psicoanálisis.
Recuerda Señor su creciente pavor a la cámara
y el odio al maquillaje —insistiendo en maquillarse en cada escena—
y cómo se fue haciendo mayor el horror
y mayor la impuntualidad a los estudios.

Como toda empleadita de tienda

soñó ser estrella de cine.
Y su vida fue irreal como un sueñc que un psiquiatra interpreta y archiva

Sus romances fueron un beso con los ojos cerrados
que cuando se abren los ojos
se descubre que fue bajo reflectores
                              y apagan los reflectores!
y desmontan las dos paredes del aposento (era un set cinematográfico)
mientras el Director se aleja con su libreta
                    porque la escena ya fue tomada.
O como un viaje en yate, un beso en Singapur, un baile en Río
la recepción en la mansión del Duque y la Duquesa de Windsor
            vistos en la salita del apartamento miserable.
La película terminó sin el beso final.
La hallaron muerta en su cama con la mano en el teléfono.
Y los detectives no supieron a quién iba a llamar.
Fue
como alguien que ha marcado el número de la única voz amiga
y oye tan sólo la voz de un disco que le dice: WRONG NUMBER.
O como alguien que herido por los gángsters
alarga la mano a un teléfono desconectado.

Señor
quienquiera que haya sido el que ella iba a llamar
y no llamó (y tal vez no era nadie
o era Alguien cuyo número no está en el Directorio de Los Angeles)
                    contesta Tú el teléfono!

Salmo 5

Escucha mis palabras oh Señor
                            Oye mis gemidos
Escucha mi protesta
Porque no eres tú un Dios amigo de los dictadores
ni partidario de su política
ni te influencia la propaganda
ni estás en sociedad con el gángsters

No existe sinceridad en sus discursos
ni en sus declaraciones de prensa

Hablan de paz en sus discursos
mientras aumentan su producción de guerra

Hablan de paz en las Conferencias de Paz
y en secreto se preparan para la guerra

                      Sus radios mentirosos rugen toda la noche

Sus escritorios están llenos de planes criminales

                              y expedientes siniestros
Pero tú me salvarás de sus planes

Hablan con la boca de las ametralladoras
Sus lenguas relucientes
                        son las bayonetas...

Castígalos oh Dios
                    malogra su política
confunde sus memorándums
                            impide sus programas

A la hora de la Sirena de Alarma
tú estarás conmigo
tú serás mi refugio el día de la Bomba

Al que no cree en la mentira de sus anuncios comerciales
ni en sus campañas publicitarias ni en sus campañas políticas
                    tú lo bendices
Lo rodeas con tu amor
                        como con tanques blindados

Salmo 21

Dios mío Dios mío ¿por qué me has abandonado?
Soy una caricatura de hombre
                          el desprecio del pueblo
Se burlan de mí en todos los periódicos

Me rodean los tanques blindados
estoy apuntado por las ametralladoras
y cercado de alambradas
                          las alambradas electrizadas
Todo el día me pasan lista
Me tatuaron un número
Me han fotografiado entre las alambradas
y se pueden contar como en una radiografía todos mis huesos
Me han quitado toda identificación
Me han llevado desnudo a la cámara de gas
y se repartieron mis ropas y mis zapatos
Grito pidiendo morfina y nadie me oye
grito con la camisa de fuerza
grito toda la noche en el asilo de enfermos mentales
en la sala de enfermos incurables

en el ala de enfermos contagiosos
en el asilo de ancianos
agonizo bañado de sudor en la clínica del psiquiatra
me ahogo en la cámara de oxígeno
lloro en la estación de policía
en el patio del presidio
en la cámara de torturas
en el orfelinato

estoy contaminado de radioactividad
y nadie se me acerca para no contagiarse

Pero yo podré hablar de ti a mis hermanos
Te ensalzaré en la reunión de nuestro pueblo
Resonarán mis himnos en medio de un gran pueblo
Los pobres tendrán un baquete
Nuestro pueblo celebrará una gran fiesta
El pueblo nuevo que va a nacer

Salmo 43

Con nuestros oídos lo oímos
nuestros padres nos contaron la historia
lo que tú hiciste con ellos
                           en los tiempos antiguos
Tú diste victorias a Israel
        Porque no confiamos en nuestros armamentos
        y los tanques no nos dieron la victoria

Pero ahora nos has abandonado
Has fortalecido sus sistemas de gobierno
has apoyado su régimen y su Partido
Somos los desplazados
somos los refugiados que no tienen papeles
los confinados en los campos de concentración
condenados a trabajos forzados
condenados a las cámaras de gas
quemados en los crematorios
                           y sus cenizas dispersadas
Somos tu pueblo de Auschwitz
            de Buchenwald

de Belsen

     de Dachau

Con nuestra piel hicieron pantallas de lámpara
y con nuestra grasa han hecho jabón
Como ovejas al matadero
hiciste que nos llevaran a las cámaras de gas
Nos hiciste deportar
Pusiste en baratillo a tu pueblo

     y no había comprador

Íbamos como ganado

    hacinados en los vagones
a los campos alumbrados con reflectores y rodeados de alambradas
hacinados en los camiones a las cámaras de gas
donde entrábamos desnudos

   y allí cerraban las puertas y apagaban las luces

    Y NOS CUBRISTE DE SOMBRAS DE MUERTE

No quedaron de nosotros sino montones de vestidos
montones de juguetes

    y montones de zapatos
Si hubiéramos olvidado el nombre de nuestro Dios
y lo hubiéramos cambiado por otros Líderes
¿tú no lo sabrías?
¿Tú que no necesitas de Servicio Secreto
porque conoces los secretos del corazón?
Todos los días nos pasaban lista
para oír los nombres de los que llevaban a los hornos

96

Nos entregaban a la muerte todo el día
como ovejas destinadas al matadero
Nos pusiste desnudos delante de los lanzallamas
A tu pueblo lo han borrado del mapa
                            y ya no está en la Geografía
Andamos sin pasaporte de país en país
sin papeles de identificación

Y tú eres ahora un Dios clandestino
¿Por qué escondes tu rostro
olvidado de nuestra persecución y de nuestra opresión?
Despierta
            y ayúdanos!
Por tu propio prestigio!

Salmo 57

Señores defensores de Ley y Orden:
¿Acaso el derecho de ustedes no es clasista?
                el Civil para proteger la propiedad privada
                el Penal para aplicarlo a las clases dominadas
La libertad de que hablan es la libertad del capital
            su "mundo libre" es la libre explotación
Su ley es de fusiles y su orden el de los gorilas
                de ustedes es la policía
                de ustedes son los jueces
No hay latifundistas ni banqueros en la cárcel

Se extravían los burgueses desde el seno materno
tienen prejuicios de clase desde que nacen
            como la cascabel nace con sus glándulas venenosas
            como el tiburón-tigre nace comedor de gente

Oh Dios acaba con el statu quo
                arranca los colmillos a los oligarcas
Que se escurran como el agua de los inodoros
                se marchiten como la hierba bajo el hierbicida

Ellos son los "gusanos" cuando llega la Revolución
No son células del cuerpo sino que son microbios
      Abortos del hombre nuevo que hay que botar
Antes de que echen espinas que los arranque el tractor
El pueblo se divertirá en los clubs exclusivos
tomará posesión de las empresas privadas
el justo se alegrará con los Tribunales Populares
Celebraremos en grandes plazas el aniversario de la Revolución
      El Dios que existe es el de los proletarios

Salmo 103

Bendice alma mía al Señor
Señor Dios mío tú eres grande
                    Estás vestido de energía atómica
                    como de un manto

De una nube de polvo cósmico en rotación
como en la rueda de un alfarero
comenzaste a sacar las espirales de las galaxias
y el gas en tus dedos se fue condensando y encendiendo
y fuiste modelando las estrellas
                    Como esporas o semillas regaste los planetas
y esparciste los cometas como flores
Un mar de olas rojas era todo el planeta
hierro y roca roja derretida
                                que subía y bajaba con las mareas
y toda el agua entonces era vapor
y sus espesos nubarrones ensombrecían toda la tierra
y empezó a llover y llover por siglos y siglos
                    una larga lluvia de siglos en los continentes de piedra
y después de eones aparecieron los mares

y empezaron a emerger las montañas
                    (la tierra estaba de parto)
a crecer como grandes animales
y a ser erosionadas por el agua
(y allí han quedado como escombros de aquellos tiempos
                              como ruina amontonada)
y la primera molécula por el efecto del agua y la luz se fecundó
y la primera bacteria se dividió
y en el Pre-Cámbrico la primera alga tenue y transparente
alimentada de energía solar
y los flagelados transparentes como campanitas de cristal
o flores de gelatina
se movían y reproducían
(y de ahí procede la criatura moderna)
Y después las primeras esponjas
medusas como de plástico
pólipos con boca y estómago
y los primeros moluscos
y los primeros equinodermos: la estrella de mar y el erizo de mar
Al principio del Cámbrico una esponja cubrió todo el fondo del mar
construyendo arrecifes de polo a polo
y a mediados del Cámbrico todas murieron
Y los primeros corales florecieron
llenando de rojos rascacielos el fondo del mar
En las aguas del Silúrico las primeras tenazas: escorpiones de mar
y a finales del Silúrico el primer pez voraz

como un diminuto tiburón (ya tiene mandíbula)
Las algas se han convertido en árboles en el Devónico
aprendiendo a respirar
dispersan sus esporas y empiezan a crecer en bosques
y nacieron los primeros tallos y las primeras hojas
Los primeros humildes animales pasan a tierra
escorpiones y arañas huyendo de la competencia del mar
las aletas crecen y aparecen los primeros anfibios
y las aletas se hacen pies
Árboles suaves y carnosos crecían en los pantanos del Paleozoico
Todavía no había flores
y aparecen los insectos
nacen los dinosaurios y las aves
y las primeras flores son visitadas por las primeras abejas
En el Mesozoico aparecen los tímidos mamales
pequeños y con sangre caliente
               que crían vivos a sus hijos y les dan leche
y en el Eoceno los lemures que andan sobre las ramas
y los tarcios con ojos estereoscópicos como el hombre
y a comienzos del Cuaternario creaste al hombre

Tú das al oso polar su traje del color del glaciar
y a la zorra polar del color de la nieve
a la comadreja haces parda en verano y blanca en invierno
a la *Mantis religiosa* le das su camouflage
y camuflas las mariposas con colores de flores

Enseñaste a los castores a construir sus diques con palitos
                    y sus casas sobre el agua
la cigarra nace sabiendo volar y cantar y cuál es su alimento
y la avispa sabiendo perforar el tronco de los árboles
para depositar sus huevos
y la araña sabiendo tejer su tela
Las cigüeñas saben desde que nacen cuál es el norte y el sur
y sin ser guiadas por nadie vuelan en dirección al norte
Diste rapidez al leopardo
ventosas a la rana arbórea
y olfato a la mariposa nocturna
para sentir el olor de la hembra en la noche
                                    a 2 millas de distancia
y órganos luminosos al crustáceo
y a los peces abismales das ojos telescópicos
y al *Gymnotus electricus* pilas eléctricas

Inventaste los mecanismos de la fecundación de las flores
Les das alas a las semillas para volar en el viento
membranas como si fueran mariposas
otras tienen cabelleras para flotar en el viento
o caen como copos
                    o como hélices
                                o como paracaídas
o bogan en el agua como barcas buscando los estigmas
y el polen conoce siempre su camino exacto

no vacila a través de los tejidos del estilo
hasta encontrar el óvulo

                    Los ojos de todos en ti esperan Señor
                    y le das a cada uno la comida a su tiempo
Abres tu mano
y llenas a todos los animales de bendiciones
Al humilde copeópado le das su diatomea
Te piden de comer las anémonas marinas
(flores feroces y voraces)
                  y tú las alimentas
La nereida de celofán
                    te pide de comer con sus hambrientos tentáculos
Das algas y cangrejos al somormujo y a sus hijos
y a la gallinita-de-playa le das suaves moluscos
Los gorriones no tienen graneros ni tractores
pero tú les das los granos que caen de los camiones
en la carretera
              cuando van a los graneros
y al pica-flor le das el néctar de las flores
Tú le das arroz tierno al pájaro arrocero
y pescados al martín-pescador y su compañera
La gaviota todos los días encuentra sus pescados
y la lechuza todas las noches sus ranas y ratones
Tú le preparas al cuco su comida de orugas
y de gusanos peludos

Le das grillos al cuervo
y das insectos al grillo que está cantando en su hoyo
Tú le das frutitas rojas al pájaro carpintero
y tiene más frutitas de las que puede comer
La ardilla-listada pasa el invierno dormida
y cuando se despierta ya tiene sus semillas
y tú abres las primeras flores primaverales
cuando las primeras mariposas salen de sus crisálidas
Abres las flores en la mañana para las mariposas diurnas
y las cierras en la tarde cuando se van a dormir
y abres otras de noche para las mariposas nocturnas
que pasan todo el día dormidas en rincones oscuros
y empiezan a volar al caer de la tarde
y despiertas a los abejorros de su sueño invernal
el mismo día que les abres las flores de los sauces

Cantaré al Señor mientras yo viva
Le escribiré salmos
                    Séale grato mi canto
Bendice alma mía al Señor
                    Aleluya!

Pedrarias Dávila

El Muy Magnífico Señor Pedrarias Dávila
Furor Domini!!!
fue el primer "promotor del progreso" en Nicaragua
  y el primer Dictador
introdujo los chanchos en Nicaragua, sí es cierto
  "cauallos e yeguas vacas e ovejas
  e puercos e otros ganados..."
(pero ganado de él)
y el primer "promotor del comercio" en Nicaragua
(de indios y negros)
     a Panamá y al Perú
(en los barcos de él)
  "indios y negros y otros ganados"
"para que los pobladores destas partes se rremedien
y la dicha Panamá asimismo"
      dice la propaganda de Pedrarias

  "una yegua rucia vieja——
  "otra yegua rucia de tres años——
  "otra potranca su hija——

"el negro juan, el negro francisquillo——
"ysabel la esclava herrada en la cara——
"perico y su niño que es esclavo y herrado en la cara——
"marica la esclava——
"ysabel la de guatemala es esclava y está preñada——
"martinillo de mateare——
"catalinilla que está parida——
"juanillo, juan negro el viejo——
"los cuales se venden a los precios siguientes——
la potranca rucia trezientos pesos (CCC° p° s)
la potranca su hija dozientos pesos (CC° p° s)
francisquillo quatroçientos é çincuenta pesos (CCC°L p° s) etc.

    . . .los cuales dichos negros e bestias
    a de vender a los dichos precios. . .

    . . .fiados para el peru por vn año e hipotecados
    los negros e las bestias. . .

. . .los quales a de vender en los preçios siguientes. . .

¡ysabel de guatemala, martinillo de mateare, francisquillo,
catalinilla, marica!
¡Dulces nombres en los áridos documentos comerciales
de la COLECCIÓN SOMOZA! Dulces nombres
que Pedrarias jugaba al ajedrez.

El conde de Puñonrostro quiso silenciar a Herrera:
don Francisco Arias Dávila é Bobadilla Conde de Puñonrostro
del Consejo de Guerra de Vuestra Magestad, digo:
que habiendo visto las Décadas de la Historia de las Indias
que Antonio de Herrera coronista de Vuestra Magestad
tiene escriptas, en lo que trata de Pedrarias Dávila mi abuelo
...se enmienden los pliegos que de esto tratan
antes que la Historia se publique...
Contesta Herrera:
NON DEBE EL CORONISTA DEJAR FASCER SU OFICIO

¡Y los ladridos de los perros de Pedrarias!
¡El Muy Magnífico Señor Don Pedrarias Dávila!
Los indios mataban a sus hijos para que no fueran esclavos
o las mujeres malparían para no parirlos o no cohabitaban
para no concebirlos. Y se acostaban cansados, sin cenar.
Y después aquel año en que no sembraron los indios
(una Huelga General) y los cristianos les quitaron el maíz:
iban con cruces en las manos los indios pidiendo por Dios maíz.

Y si uno no sabía el camino
                              (de León a las minas)
no necesitaba guía ni preguntar el camino:
seguía los esqueletos de los indios muertos:

Iban encadenados y mirando los caminos

cantaban llorando:
        "Por aquellos caminos
        íbamos a servir a León
        y volvíamos.
        Ahora vamos sin esperanzas
        de volver."

        (por no abrir la cadena
                cortarle
                la cabeca
        para sacarle la cadena)

Y los perros. Los perros de Pedrarias.
El indio tenía un palo
y le echaban primero los perros cachorros
(para enseñarles montería).
Cuando los tenía vencidos con el palo
soltaban los lebreles y los alanos de Pedrarias.

Los indios preguntaron al Demonio
(¿a los brujos? ¿a las brujas? ¿a la Vieja del Volcán?)
cómo se verían libres de los españoles
        y el Demonio les contestó:
Que él podía libertarlos de los españoles
"haciendo que los dos mares se juntaran
        (¿el Canal de Nicaragua?)

pero entonces perecerían los españoles
        (¿el Canal Norteamericano en Nicaragua?)
juntamente con los indios"

el pueblo bendice al rey
        por haber mandado que el dicho Pedrarias
vaya a castilla
        y no este mas en estas partes
porque como es hombre de ochenta años e tullido
e muy abarisioso
no piensa sino en acrecentar su hazienda...

está muy viejo y tullido casi syempre en la cama
y no puede andar sino es en vna silla sentado
que vuestra magestad le devia dar equivalente provecho
y descanso
        y proveer de rremedio a esta gobernaçión

Y ya tenía noventa años y no moría nunca
ni iba a Castilla. Estaba tullido y enfermo
y gobernaba con mano de hierro (monopolios
robos sobornos prisiones espionaje elecciones fraudulentas...)
y no moría — Se metía en un ataúd todos los años
y hacía que le cantaran el Oficio de Requiem.

Murió de 90 años.

Fue enterrado en La Merced junto a Hernández de Córdoba.
En la Catedral enterrada de un enterrado León
o hundido bajo el agua. ¿León Viejo dónde está?
Hay ladrillos, ruinas rojas, en la orilla.
Los pescadores dicen que han visto torres bajo el agua
en las tardes serenas.

Y han oído campanas.

Campanas tocando solas movidas por las olas
La capital de Nicaragua está allí espectral
bajo el agua. Un borroso sueño... Un conquistador degollado
Pedrarias enterrado con todas sus banderas.
Después un Asesinato y un terremoto...

Un gobernador tirano y sus dos hijos
(dos hermanos tiranos).

Y salta una mojarra.

El Lago de León Viejo es el Lago de Managua.
¿Hay un nuevo León Viejo?
El mismo Momotombo retumba todavía.
...Y los ladridos de los perros de Pedrarias...

NON DEBE EL CORONISTA DEJAR FASCER SU OFICIO

Doña Beatriz la sin ventura

Partió otra vez de Guatemala Pedro de Alvarado
con su flota, a descubrir nuevas tierras,
hacia China
            y Californias...
Con vistosos estandartes, banderas de cuadra,
            flámulas, grímpolas y gallardetes!

Pero al llegar a Jalisco estaban los indios alzados.
Porque Vázquez de Coronado se había ido a la Çibola
y Oñate había quedado con poca gente en Guadalajara.

Los caxcanes y sus valles estaban sublevados,
las sierras de Tepec, el valle de Xuchipila,
el valle de Nochistlán y el valle de Teocaltipiche,
toda la indiada estaba sublevada en las sierras.
Y bajaron, y mataron a los españoles en un eclipse.

Y Alvarado resolvió a socorrer Guadalajara
(pacificar la tierra en 4 días

y embarcarse otra vez)
Hizo compañía con el Virrey... (la Compañía de la Çibola)
Mitad y mitad en lo que se descubriera en la Cibola...

Los indios estaban en las sierras, entre rocas.
Rocas cortadas, donde sólo suben los gatos.
    Chichimecas robustos,
      y grandes flecheros.
Arrojaban flechas y varas tostadas.
    Y los comían.

Alvarado tuvo que retirarse (no fue tan fácil como creía)
    por tierra pantanosa
      llena de cardones y magueyes.
        Los caballos atascándose.
Los hombres quedando pegados en el lodo.
Él se apeó del caballo,
    peleando a pie
      con espada y rodela.
Muchos se quedaron pegados en los pantanos
    sin poderse mover.
Y después ya iban subiendo la cuesta, los indios ya no venían,
pero Baltazar Montoya espoleaba el caballo cansado
creyendo que todavía venían. El caballo resbalándose
y Alvarado atrás a pie:
    sosegaos Montoya

SOSEGAOS MONTOYA.

Seguía espoleándolo y el caballo fue rodando
cuesta abajo arrastrando con él al Adelantado.
Crujieron sus armas y su pecho bajo el caballo.
Y fueron rodando Alvarado y caballo hasta el arroyo.
Lo recogieron y tenía las armas y el pecho quebrados.
Le preguntaron qué le dolía y dijo "el alma".
Lo llevaron con cuidado en tapextle hasta Atenguillo.
Quería ir aprisa en el tapextle para confesar los pecados.
Se confesó sollozando bajo unos pinos,
y murió abrazando el crucifijo,
y diciendo: "tengo enferma el alma."
        La Armada de la Especiería
la dejó en testamento a Doña Beatriz de la Cueva.
Y a 350 leguas de distancia
exclamó a esas horas Doña Beatriz:
        ¡Haya buen siglo el Adelantado!
Y el día antes llovió sangre en Toluca.

Doña Beatriz mandó pintar todo el palacio de negro
por dentro y por fuera, salones, patios, cocinas,
corredores, caballerizas, ranchos, excusados,
y hasta los tejados,
                    todo pintado de negro,
y con cortinas negras,
porque el Adelantado había muerto en Muchitiltic

que quiere decir "Todo Negro"
porque desde Muchitiltic hasta Iztlán
tanto la tierra como las piedras, todo es negro.
Y la Catedral estaba también cubierta de paños negros
y toda la ciudad enlutada
celebrando las honras del Adelantado.
Y Doña Beatriz estaba encerrada en un aposento muy oscuro,
de paredes negras, sin querer ver la luz,
ni la luz de una ventana, ni la luz de una vela,
con una falda negra, y cubierta con una toca negra,
y sólo era llorar y llorar, y gemir, y hablar sola
y dar grandes voces y gritos.
Y no comía ni bebía ni dormía
ni quería que nadie la consolase,
y decía

> *que ya Dios no la podía hazer mas mal*
> *del que la avia hecho.*

Decía:

> *¿Por ventura tiene Dios mas mal que hazerme*
> *despues de averme quitado al Adelantado, mi Señor?*

Y decía que se llamaba Doña Beatriz la Sin Ventura.
Y se reunió el Cabildo para elegir Gobernador
y eligió a Doña Beatriz de la Cueva, Gobernadora.
Y fueron los Señores Alcaldes y Regidores
a su aposento, donde estaba encerrada,
y le dijeron que la elegían y nombraban

116

en nombre de Su Majestad, Gobernadora.
Y ella aceptó la Gobernación,
y juró sobre la cruz de la vara de la Gobernación
y firmó en el libro del Cabildo:

> *La sin ventura*
> *D.ª Beatriz*

y después tachó su nombre con una raya de tinta,
con una raya gruesa de tinta, más larga que el nombre,
para que sólo se leyera:

> *La sin ventura*

Y el cielo de Guatemala se nubló
y se fue llenando de nubarrones
        con relámpagos y rayos,
y el jueves 8 de Septiembre comenzó a llover,
y llovió ese día,
            y el otro,
                    y el otro,
mientras el Volcán de Fuego vomitaba llamas.
Y el domingo, dos horas después de medianoche
hubo una tormenta de rayos en el Volcán de Agua
y después fue el primer temblor, con retumbos
como si muchas carrozas corrieran bajo la tierra,
debajo de Guatemala, y después más temblores
y más retumbos, y el Volcán de Agua saltaba
como si quisiera arrancarse de la tierra, y ya el agua

venía bajando del volcán, despeñándose
y arrastrando árboles y piedras del tamaño de carabelas
y aquel río de tierra y agua y árboles y piedras
fue corriendo hacia la casa del Adelantado Pedro de Alvarado
llevándose las paredes y los tejados de las casas,
saliendo por las ventanas,
y echando de las ventanas a los hombres,
mientras el Volcán de Fuego retumbaba
                  y arrojaba ríos de fuego
            Despedía como rayos y cometas ardientes.
Y el agua ya subía a la recámara de Doña Beatriz.
Ella salió de la recámara envuelta en una colcha,
y llamó a sus doncellas, y corrió con ellas al Oratorio.
Y el agua iba subiendo la escalera de piedra
                        llegaba
al primer descanso,
          seguía subiendo de grada en grada,
llegaba al segundo descanso,
y llegaba al piso del Oratorio.
Doña Beatriz estaba sobre el altar con sus doncellas
abrazada a una imagen de Cristo crucificado
y abrazando a la hijita del Adelantado, y el agua negra
subió la primera grada del altar,
la segunda grada,
                  cubrió el altar,
les llegaba a las rodillas,

comenzó a salir por las ventanas,
        tembló otra vez la tierra
y las paredes del Oratorio se desplomaron
sobre Doña Beatriz la Sin Ventura y sus doncellas.

Y el río de piedra y cieno corrió de calle en calle
y de barrio en barrio, derrumbando las casas,
arrastrando las casas con sus gentes,
llevando las casas a otros sitios de la ciudad.
La noche estaba oscurísima, no se veían los rostros,
y seguían los grandes truenos,
        seguían los relámpagos,
y se veían pasar por las calles
        a la luz de los relámpagos
las piedras enormes flotando en la corriente como corchos
revueltas con muertos, muebles, caballos ahogados y portales.
El viento hacía crujir los árboles
y se oía el rugido de las fieras, el ruido del agua,
el estruendo de las piedras que bajaban rodando,
el mugido de las vacas, los gritos
de las mujeres y los niños, de calle en calle
y de barrio en barrio.
Y algunos vieron como demonios en el aire dando gritos
y una vaca negra con sólo un cuerno
en la puerta del palacio de la Sin Ventura.

Sólo su aposento quedó intacto en el palacio
pero Doña Beatriz había salido de su aposento
y cuando llegaron estaba la cama todavía caliente.

Murieron Alonso Velazco y su mujer y sus hijos
y no se halló nadie en la casa ni muerto ni vivo
y de la casa no quedaron ni los cimientos.
De la casa de Martín Sánchez
no se volvió a ver ninguno.
Murió Francisco Flores, el manco.
Murió Blas Fernández, el ciego.
Murió Robles el sastre, y su mujer.
Murió la mujer de Francisco López,
y la de Alonso Martín y sus nietas,
murieron los hijos de Juan Páez.

Al amanecer el Volcán de Agua estaba descabezado.
La ciudad llena de lodo y piedras y árboles y muertos.
No se distinguían las plazas, las calles, los barrios,
ni los sitios de las casas.
                    Todavía llovía un poco.

Se hizo la procesión de los muertos cantando las letanías
y el obispo ordenó quitar el luto de las iglesias
y que se suspendieran las exequias del Adelantado.

Las Casas ante el rey

Salió el Rey y se sentó en su sillón real,
y se sentaron los flamencos en bancas, más abajo.
Mosiur de Xevres a la derecha del Rey
y el Gran Canciller a la izquierda.
Y junto a mosiur de Xevres el Almirante de las Indias,
y después el obispo del Darién.
Junto al Gran Canciller el obispo de Badajoz;
y Bartolomé de las Casas arrimado a la pared.
Y se levantaron mosiur de Xevres y el Gran Canciller,
subieron la grada de la peana lentamente,
se arrodillaron junto al Rey
y hablaron con él unas palabras en voz baja.
Se levantaron, hicieron una reverencia,
y volvieron a sus puestos. Después de un silencio
habló el Gran Canciller: "Reverendo obispo,
Su Majestad manda que habléis."
Se levantó el obispo del Darién
y pidió hablar a solas con el Rey y su Consejo.
El Gran Canciller le hizo una seña y se sentó.
Hubo otro silencio.
Se levantaron mosiur de Xevres y el Gran Canciller

hicieron una reverencia al Rey y se arrodillaron
y hablaron con él unas palabras en voz baja.
Volvieron a sentarse. Después de otro silencio
dijo el Gran Canciller: "Reverendo obispo,
Su Majestad manda que habléis si tenéis que hablar."
Se levantó el obispo del Darién y dijo:
"Muy poderoso señor:
El Rey Católico, vuestro abuelo, que haya santa gloria,
despachó una armada a la tierra firme de las Indias
y fui nombrado obispo de esa primera población,
y como fuimos mucha gente y no llevábamos qué comer,
la más de la gente murió de hambre, y los que quedamos,
por no morir como aquellos, ninguna otra cosa hemos hecho
sino robar y matar y comer. El primer gobernador fue malo
y el segundo muy peor... Todo eso es verdad. Pero
en lo que a los indios toca, son siervos *a natura.*
Son los siervos *a natura* de que habla Aristóteles..."
Cesó de hablar el obispo y hubo otro silencio.
Se levantaron mosiur de Xevres y el Gran Canciller,
se arrodillaron junto al Rey y hablaron en voz baja,
se volvieron a sus puestos y hubo otro silencio.
Después dijo el Gran Canciller: "Míser Bartolomé,
Su Majestad manda que habléis."
Se levantó Bartolomé de las Casas, se quitó el bonete,
hizo una reverencia, y dijo:
"Muy alto y poderoso señor:

Yo soy de los más antiguos que han pasado a las Indias
y ha muchos años que estoy allá, en los que han visto mis ojos,
no leído en historias que pudieran ser mentirosas, sino
palpado, por así decirlo, con mis manos, tantas crueldades
cometidas en aquellos mansos y pacíficos corderos;
y uno de los que a estas tiranías ayudaron fue mi padre.
No son siervos *a natura,* son libres *a natura!*
Son libres, y tienen sus reyes y señores naturales
y los hallamos pacíficos, con sus repúblicas bien ordenadas,
proporcionados y delicados y de rostros de buen parecer
que pareciera que todos ellos fueran hijos de señores.
Fueron creados simples por Dios, sin maldades ni dobleces
obedientes, humildes, pacientes, pacíficos y quietos.
Así mismo son las gentes más delicadas y flacas
tiernos en complexión y menos hechos al trabajo
y que más fácilmente mueren de cualquier enfermedad,
que ni hijos de príncipes son más delicados que ellos
aunque ellos sean hijos de labradores. Son paupérrimos
y no poseen ni quieren poseer bienes temporales
y por eso no tienen soberbias ni ambiciones ni codicias.
Su comida es pobre como la de los Padres del Desierto.
Su vestido, andar desnudos, cubiertas sus vergüenzas
o cuando mucho cubiertos con una manta de algodón.
Sus camas son esteras, o redes que llaman hamacas.
Son limpios y vivos de entendimiento y dóciles.
Y los españoles llegaron como lobos y tigres,

como lobos y tigres donde estas ovejas mansas.
La isla de Cuba quedó yerma, hecha una soledad,
y antes estaba llena de mansísimos corderos.
En la Española no quedan más que doscientas personas.
Las islas de San Juan y Jamaica están asoladas.
Islas que eran más graciosas y fértiles
que la huerta del Rey en Sevilla
ahora sólo tienen once personas que yo vide.
Islas tan felices y ricas! Y sus gentes
tan humildes, tan pacíficas y tan fáciles de sujetar,
no como bestias, pero plugiera a Dios que como bestias
los hubieran tratado y no como estiércol de las plazas
y aun menos que eso. Quemaban vivos a los señores,
a fuego manso, y yo los vi morir dando alaridos,
dando gritos extraños. Y si huían
a encerrarse en los montes, en las sierras,
los perseguían con lebreles, perros bravísimos.
Ellos pelean desnudos, sus armas son harto flacas,
y sus guerras como juegos de cañas, y aun de niños.
Enviaron a los hombres a las minas
y a las mujeres a trabajar en las estancias,
y murieron ellos en las minas y ellas en las estancias.
Sus hacendejas quedaban destruidas, llenas de hierba.
Y las criaturas nacidas chiquitas perecían
porque las madres no tenían leche en las tetas,
y se ahorcaban desesperados con los hijos

y las mujeres tomaban hierba para no parir los hijos.
Y robaban las huertas de los indios,
manteniéndose de sus comidas pobres.
Se los llevaban en los navíos a vender.
Llegaban donde estaban trabajando en sus oficios
con sus mujeres y sus hijos, y los hacían pedazos.
Ellos estaban inermes y desnudos
contra gente a caballo y tan armada.
Los herraban en la cara con el hierro del Rey.
Y es para quebrar el corazón del que los haya visto
desnudos y hambrientos cuando los llevan a vender,
o cuando van a llevar la carga de los españoles,
desnudos y temblando, con su redecilla al hombro.
Toman aquellos corderos de sus casas
y les ponen el hierro del Rey.
Todas estas escenas vieron mis ojos y ahora temo decirlas
no creyendo a mis ojos, como si las haya soñado.
Su Majestad: no están hechos al trabajo
porque son de naturaleza delicadísimos.
Y no hay gentes más mansas ni de menos resistencia
ni más hábiles ni aparejados para el yugo de Cristo."
. . . .
Se levantaron mosiur de Xevres y el Gran Canciller.
Se arrodillaron junto al Rey y hablaron en voz baja.
Hubo un gran silencio.
Después se levantó el Rey y entró en su cámara.

Gonzalo Fernández de Oviedo viene a Castilla

Gonzalo Fernández de Oviedo viene a Castilla
y cuenta de los mameyes, que saben a melocotones
y a duraznos, o mejor que duraznos, y huelen muy bien
y son de más suave gusto que el melocotón; del guanábano
que es un árbol muy grande y hermoso
y la fruta es de una pasta como manjar blanco,
espesa y aguanosa y de lindo sabor templado;
y del guayabo, que cuando está en flor huele tan bien
(en especial ciertas flores de guayabo),
huele como el jazmín y el azahar,
y por dentro unas frutas son rosadas y otras blancas
y donde mejor se dan es en Darién
y es muy buena fruta y es mejor que manzanas;
y los aguacates, que llaman perales, pero no son perales
como los de España, sino que hacen ventaja a las peras.
El coco es una fruta como una cabeza de hombre
con una carnosidad blanca como de almendra mondada
y de mejor sabor que las almendras, y de ella hacen leche
mejor que de ganados, y en medio hay una agua clarísima,
la más sustancial, la más excelente, la más preciosa cosa

que se pueda pensar ni beber,
lo mejor que en la tierra
se puede gustar.
Y quitado el manjar hacen vasos de esta fruta.
Y una fruta que llaman piñas, que nace de un cardo,
y es de color de oro, y una de las mejores del mundo
y de más lindo y suave sabor y vista,
y su olor es a durazno y membrillo
y con una o dos de ellas huele toda la casa
y su sabor es a melocotón y moscatel
y no hay tan linda fruta en la huerta de Fernando I
en Nápoles,
ni en el Parque del Duque de Ferrara en el Po
ni en la huerta portátil de Ludovico Sforza.
Y hay un árbol o planta, monstruo entre los árboles,
que no se puede determinar si es árbol o planta
y ningún otro árbol o planta hay de más salvajez ni tan feo;
y es de tal manera que es difícil describir su forma,
más para verlo pintado por mano del Berruguete,
o de aquel Leonardo de Vinçi, o Andrea Mantegna,
que para darlo a entender con palabras:
sus ramas son pencas espinosas, disformes y feas,
que primero fueron hojas o pencas como las otras,
y de aquellas hojas o pencas nacieron otras,
y de las otras, otras, y éstas alargándose

procrean otras, y éstas otras, otras,

y así de penca en penca se hace rama.
Y tiene una fruta carmesí, como un muy fino carmesí,
cubierta toda ella de espinas como un vello,
y con ella se pintan los labios las mujeres,
con color carmesí y con color rosado, mejor
que como se pintan las mujeres en Valencia o Italia.
Y un árbol de calabazas que en Nicaragua llaman guacal
de las que hacen vasos para beber, como tazas,
tan gentiles y tan bien labradas y de tan lindo lustre
que puede beber en ellas cualquier príncipe
y les ponen sus asideros de oro, y son muy limpias
y sabe muy bien en ellas el agua.
Hobo es un árbol de una sombra sanísima
y los que andan de camino los buscan para dormir.
Y cuenta del beori:
Estos animales beoris
son del tamaño de una mula mediana,
su pelo es más espeso que el del búfalo y no tiene cuernos,
aunque algunos los llaman vacas. El gato cerval
es como los gatos pequeños y mansos que hay en las casas
pero es más grande que el tigre y más feroz.
Las raposas son negras, más negras que un terciopelo muy negro.
El oso hormiguero es casi a manera de oso en el pelo
y no tiene cola, y el hocico lo tiene muy largo,
y la lengua larguísima, y con ella lame los hormigueros.
Los armadillos son de cuatro pies,

ni más ni menos que un caballo encubertado
con sus costaneras y coplón, como un caballo de armas,
y es del tamaño de un perrillo y no hacen mal y es cobarde.
El perico ligero es el animal más torpe del mundo,
para andar cincuenta pasos necesita un día entero.
Tienen cuatro pies y uñas largas como de ave,
y una cara casi redonda, como de lechuza
y ojos pequeños y redondos y la nariz como de un monico,
la boca chiquita, y mueve la cabeza como atontado;
su voz sólo suena de noche y es un continuado canto,
de rato en rato, cantando seis puntos, como quien canta
la, sol, fa, mi, re, ut.
así este animal dice
ah, ah, ah, ah, ah.
y después que ha cantado
vuelve a cantar lo mismo
ah, ah, ah, ah, ah.
y esto hace de noche y no se oye cantar de día
y es animal nocturno y amigo de las tinieblas.
No muerde ni es ponzoñoso y no hay animal tan feo
ni que parezca más inútil que éste.
Hay zorrillos chiquitos como gozques,
muy burlones y traviesos, casi como monicos.
Hay unos perrillos pequeños, gozques,
que tienen en casa, y son mudos,
porque jamás ladran ni gañen

ni aúllan ni gritan ni gimen
aunque los maten a golpes
y si los matan mueren sin quejarse ni gemir.

El pica-flor
tiene el pico largo y delgado como un alfiler
y es pajarito tan chiquito como la cabeza del pulgar.
Se mantiene del rocío y la miel y el licor de las flores,
sin sentarse sobre la rosa;
avecica de tanta velocidad
que al volar no se le ven las alas.
Se duerme o se adormece en octubre
y despierta o revive en abril
cuando hay muchas flores.
Su nido es de flecos de algodón,
y en una balanza de pesar oro
pesan dos tomines él y su nido.
Sutil como las avecicas
que en las márgenes de las horas de rezar
ponen los iluminadores.
Es de muy lindos colores su pluma,
dorada y verde y de otros colores y la usan para labrar oro.
Al atardecer salen los cocuyos, como linternas;
sus ojos resplandecen como lumbres,
a su luz hilan y cosen y tejen y bailan los indios
y con uno de ellos se puede leer una carta.

Y hay ciertos leños podridos que están ligerísimos y blancos
y de noche relumbran como brasas.

Hay unos zopilotes, que son unas gallinas negras,
y comen muchas suciedades, indios y animales muertos,
pero huelen como a almizcle
y son muy importunas y amigas de estar en el pueblo
para comerse los muertos.
Los picudos tienen un pico muy grande
y un plumaje muy lindo y de muchos colores
y el pico es tan grande como un jeme o más,
vuelto para abajo, y la lengua es una pluma,
y da grandes silbos y hace agujeros con el pico.
Y-uana es una manera de sierpe con cuatro pies
muy espantosa de ver y muy buena de comer;
son muy feas y espantables pero no hacen mal
y no está averiguado si son animal o pescado
porque andan en el agua y los árboles y por tierra
y tienen cuatro pies, y son mayores que conejos,
y tienen la cola como lagarto, y la piel toda pintada,
y en el espinazo unas espinas levantadas
y agudos dientes y colmillos, y es callada,
que no gime ni grita ni suena,
y se está atada dondequiera que la aten
sin hacer mal alguno ni ruido,
diez y quince y veinte días,

sin comer ni beber cosa alguna,
y tiene las manos largas
y uñas largas como de ave
pero flacas y no de presa.

Los petreles son menores que tordos y son muy negros,
son aves muy veloces que vuelan a ras del mar,
subiendo y bajando conforme el subir y el bajar del mar,
y se ven por todo el camino de las Indias en el gran mar Océano.
Las fragatas son aves negras que vuelan muy alto
y las naos las ven veinte y treinta leguas y más, mar adentro,
volando muy alto.
Los pájaros bobos son menores que gaviotas
y cuando ven los navíos se vienen a ellos
y cansados de volar se sientan en las gavias, y son negros.
Los alcatraces pasan siempre volando sobre Panamá,
cuando crece la mar del Sur, cada seis horas,
y vienen en gran multitud volando sobre la marea,
y caen veloces desde lo alto y toman las sardinas
y se vuelven a levantar volando y vuelven a caer
y otra vez a levantarse, sin cesar,
y al bajar el mar se van los alcatraces
continuando su pesca, y detrás van volando las fragatas
quitándoles su presa.
Hay muchos cuervos marinos en la mar del Sur,
en aquella costa de Panamá, y vienen todos juntos

buscando la sardina, y cubren el mar con grandes manchas,
y el mar parece un terciopelo o paño muy negro
y se van y vienen con la marea como los alcatraces.
Y pasan innumerables aves por Cuba todos los años:
vienen desde la Nueva España y atraviesan Cuba
y van hacia el mar del Sur. Y por el Darién
pasan todos los años viniendo de Cuba
y atraviesan la Tierra Firme hacia el polo Austral
y no se les ve volver.
Por quince y veinte días
desde la mañana hasta la noche el cielo se cubre de aves,
aves muy altas, tan altas que muchas se pierden de vista,
y otras van muy bajas, con respecto a las más altas,
pero muy altas con respecto a las cumbres,
y cubren todo lo que se ve del cielo a lo largo del viaje,
y a lo ancho gran parte de lo que se ve del cielo
y no se pueden ver sus plumas porque vuelan muy alto,
y no vuelven.
Este paso de las aves es en Santa María la Antigua del Darién,
en Tierra Firme, y pasan en el mes de marzo.

Él tenía una casa en el Darién.
Las casas allá son de cañas atadas con bejucos
y el techo de paja o yerba larga, muy buena y bien puesta,
y cuando llueve, uno no se moja, y es como la teja.
Como cubren las casas en los villajes y aldeas de Flandes

(pero la yerba es mejor que la de Flandes). Y él tenía una casa,
dice, que pudiera aposentar un señor, con muchos aposentos
altos y bajos, y con un huerto de muchos naranjos
dulces y agrios, y cidros y limones, y un hermoso río
lo cruzaba por enmedio. Y el sitio era gracioso y sano
y de lindos aires y bella vista sobre aquella ribera.
Pero ahora el Darién se despobló. Lo despobló Pedrarias
alegando que era malsano (porque lo fundó Balboa su yerno).
Y su casa se está destruyendo, en un pueblo despoblado.
Todos los vecinos se han estado yendo. Ya no queda nadie
en Santa María la Antigua del Darién, donde está su casa.

El sermón en el mar

La última tarde del año fue triste y nublada
y en derredor de la nao saltaban peces grandes
como caballos, dando grandes bufidos.
Los bufones: presagiadores de tempestad.

Pero el primer día del año 1545
amaneció con el cielo sereno y el mar azul
y el viento próspero. Manadas de toninas
rodeaban la nao. En el camarón de proa
los frailes llevaban un altar con un Nacimiento
y el Niño Dios envuelto en heno. Y después de la misa
Fray Bartolomé dijo el sermón.
A lo lejos se veían tierras azules.
PADRES Y HERMANOS MÍOS: Miramos ya
las cumbres de los montes
de la tierra que vamos a pisar.
                              Es Yucatán.
Tenía infinitas gentes, porque es tierra abundante,
llena de frutas. La tierra no tiene oro
pero tiene miel y cera más que ninguna otra de las Indias.

Tiene trescientas leguas en torno. Se gobernaba
con el mejor sistema político de las Indias
y no tenía vicios ni pecados
y se pudieran hacer grandes ciudades de españoles
y vivir allí como en un paraíso terrenal.
Pero llegó un Gobernador a este Reino
y mató a los que estaban en sus casas sin ofender a nadie.
Y como no tenían oro, sacó el oro de sus cuerpos.
Y regresaban cargados de gente vendida,
comprada con vino y aceite y vinagre,
cambiados por tocinos, cambiados por caballos.
La doncella más bella, una arroba de vino.
Un tocino. El hijo de un príncipe
(o que parecía un hijo de un príncipe)
comprado por un queso. Cien personas por un caballo.

Mientras hablaba estaba la nao en calma
y el viento no movía ni una ola ni una vela.
Después que cantaron vísperas y completas
comenzó a soplar un aire muy manso
y la nao poco a poco fue acercándose a tierra.
Iban con la sonda en la mano sondeando el puerto
y al oscurecer encendieron fuego en la gavia
y les respondieron de tierra. Avanzaron
hasta tres brazas de fondo, y echaron el ancla
y esperaron que amaneciera.

Apalka

Allí sólo en el verano, en el breve verano, se entra.
Bajando el río Coco del último caserío mosquito
aguas abajo como cinco millas marinas a mano izquierda
desemboca dicen un pequeño caño llamado Caño de Apalka.
Si subís por ese caño dicen llegás a una laguna
          y después a otra laguna
y después a la misteriosa laguna de Apalka.
(Llegás a un llano sin fin, lleno de colores
orquideáceas y tucanes, como en el cine o en algún sueño
          y en medio de ese llano: una laguna.)
Voces como de personas se oyen en sus márgenes
y en el centro mismo de las aguas profundas.
Según cuentan los indios más ancianos
que oyeron contar a los ancianos de su tribu
hace muchísimos años
subieron unos piratas el río Patuca
y entraron por un caño secreto a la última laguna
          a repartirse el botín en ese escondite
y se pelearon por el botín y perecieron todos.
Todavía ves, o tal vez ves, los mástiles y cordajes

confusos, bajo lianas y bejucos
y entre troncos podridos, confundidos con los troncos
los cascos podridos, confusos, rodeados de nenúfares.
Los indios del Coco nunca llegan a la misteriosa laguna
por miedo a las voces que se oyen en sus márgenes.
Pues los espíritus de los desalmados aún custodian el botín
            y aún pelean
y se oyen gritos (como de tucanes) y disparos
y de noche se oye un jalar de cadenas, como levando anclas.
        De vez en cuando el remolino de un caimán
                peleando con otro caimán...
Alguna aleta cortando las aguas quietas de la laguna:
un tiburón que entró como los piratas por el Patuca
o tal vez es un pez-espada.
Cuando llega la temporada de lluvias ya no hay laguna de Apalka
            y ya no hay llano
sólo hay una laguna hasta el horizonte
borrado el lugar donde existe la laguna de Apalka
con los galeones cargados de plata y oro y perlas
y esqueletos de piratas
        todo, esqueletos y tesoro, hundidos en el lodo.
Pero tal vez hay luna, y la infinita laguna
que ninguno del Wanki visita
se vuelve (en el viento voces alteradas de piratas)
a la luz de la luna de la noche atlántica, una
        laguna lúgubre de monedas de plata.

Las ciudades perdidas

De noche las lechuzas vuelan entre las estelas,
el gato-de-monte maúlla en las terrazas,
el jaguar ruge en las torres
y el coyote solitario ladra en la Gran Plaza
a la luna reflejada en las lagunas
que fueron piscinas en lejanos katunes.

Ahora son reales los animales
que estaban estilizados en los frescos
y los príncipes venden tinajas en los mercados.
¿Pero cómo escribir otra vez el jeroglífico,
pintar al jaguar otra vez, derrocar los tiranos?
¿Reconstruir otra vez nuestras acrópolis tropicales,
nuestras capitales rurales rodeadas de milpas?

La maleza está llena de monumentos.
Hay altares en las milpas.
Entre las raíces de los chilamates arcos con relieves.
En la selva donde parece que nunca ha entrado el hombre,
donde sólo penetran el tapir y el pizote-solo

y el quetzal todavía vestido como un maya:
allí hay una metrópolis.
Cuando los sacerdotes subían al Templo del Jaguar
con mantos de jaguar y abanicos de colas de quetzal
y caites de cuero de venado y máscaras rituales,
subían también los gritos del Juego de Pelota,
el son de los tambores, el incienso de copal que se quemaba
en las cámaras sagradas de madera de zapote,
el humo de las antorchas de ocote... Y debajo de Tikal
hay otra metrópolis 1 000 años más antigua.
—Donde ahora gritan los monos en los palos de zapote.

No hay nombres de militares en las estelas.

En sus templos y palacios y pirámides
y en sus calendarios y sus crónicas y sus códices
no hay un nombre de cacique ni caudillo ni emperador
ni sacerdote ni líder ni gobernante ni general ni jefe
y no consignaban en sus piedras sucesos políticos,
ni administraciones, ni dinastías,
ni familias gobernantes, ni partidos políticos.
¡No existe en siglos el glifo del nombre de un hombre,
y los arqueólogos aún no saben cómo se gobernaban!

La palabra "señor" era extraña en su lengua.
Y la palabra "muralla". No amurallaban sus ciudades.

Sus ciudades eran de templos, y vivían en los campos,
entre milpas y palmeras y papayas.
El arco de sus templos fue una copia de sus chozas.
Las carreteras eran sólo para las procesiones.
La religión era el único lazo de unión entre ellos,
pero era una religión aceptada libremente
y que no era una opresión ni una carga para ellos.
Sus sacerdotes no tenían ningún poder temporal
y las pirámides se hicieron sin trabajos forzados.
El apogeo de su civilización no se convirtió en imperio.
Y no tuvieron colonias. No conocían la flecha.
Conocieron a Jesús como el dios del maíz
y le ofrecían sacrificios sencillos
de maíz, y pájaros, y plumas.
Nunca tuvieron guerras, ni conocieron la rueda,
pero calcularon la revolución sinódica de Venus:
anotaban todas las tardes la salida de Venus
en el horizonte, sobre una ceiba lejana,
cuando las parejas de lapas volaban a sus nidos.
No tuvieron metalurgia. Sus herramientas eran de piedra,
y tecnológicamente permanecieron en la edad de piedra.
Pero computaron fechas exactas que existieron
hace 400 millones de años.
No tuvieron ciencias aplicadas. No eran prácticos.
Su progreso fue en la religión, las artes, las matemáticas,
la astronomía. No podían pesar.

Adoraban el tiempo, ese misterioso fluir
y fluir del tiempo.
El tiempo era sagrado. Los días eran dioses.
Pasado y futuro están confundidos en sus cantos.
Contaban el pasado y el futuro con los mismos katunes,
porque creían que el tiempo se repite
como veían repetirse las rotaciones de los astros.
Pero el tiempo que adoraban se paró de repente.
Hay estelas que quedaron sin labrar.
Los bloques quedaron a medio cortar en las canteras.
—Y allí están todavía—

Ahora sólo los chicleros solitarios cruzan por el Petén.
Los vampiros anidan en los frisos de estuco.
Los chanchos-de-monte gruñen al anochecer.
El jaguar ruge en las torres —las torres entre raíces—
un coyote lejos, en una plaza, le ladra a la luna,
y el avión de la Pan American vuela sobre la pirámide.
¿Pero volverán algún día los pasados katunes?

Economía de Tahuantinsuyu

No tuvieron dinero
        el oro era para hacer la lagartija
y NO MONEDAS
        los atavíos
                    que fulguraban como fuego
            a la luz del sol o las hogueras
las imágenes de los dioses
                    y las mujeres que amaron
y no monedas
        Millares de fraguas brillando en la noche de los Andes
y con abundancia de oro y plata
                    no tuvieron dinero
supieron
            vaciar laminar soldar grabar
el oro y la plata
        el oro: el sudor del sol
                    la plata: las lágrimas de la luna
        Hilos cuentas filigranas
                            alfileres
                            pectorales

                    cascabeles
          pero no DINERO
             y porque no hubo dinero
                         no hubo prostitución ni robo
                las puertas de las casas las dejaban abiertas
ni Corrupción Administrativa ni desfalcos
                    —cada 2 años
                daban cuenta de sus actos en el Cuzco
porque no hubo comercio ni moneda
                              no hubo
la venta de indios
                Nunca se vendió ningún indio
Y hubo chicha para todos

No conocieron el valor inflatorio del dinero
su moneda era el Sol que brilla para todos
el Sol que es de todos y a todo hace crecer
el Sol sin inflación ni deflación: Y no
esos sucios "soles" con que se paga al peón
(que por un sol peruano te mostrará sus ruinas)
Y se comía 2 veces al día en todo el Imperio

                Y no fueron los financistas
                los creadores de sus mitos

Después fue saqueado el oro de los templos del Sol

y puesto a circular en lingotes
                    con las iniciales de Pizarro
La moneda trajo los impuestos
y con la Colonia aparecieron los primeros mendigos

El agua ya no canta en los canales de piedra
las carreteras están rotas
las tierras secas como momias
                        como momias
de muchachas alegres que danzaron
en *Airiway* (Abril)
                    el mes de la Danza del Maíz Tierno
ahora secas y en cuclillas en Museos

Manco Capac! Manco Capac!
                        Rico en virtudes y no en dinero
(Mancjo: "virtud", Capacj: "rico")
"Hombre rico en virtudes"
Un sistema económico sin MONEDA
la sociedad sin dinero que soñamos
Apreciaban el oro pero era
como apreciaban también la piedra rosa o el pasto
y lo ofrecieron de comida
                        como pasto
        a los caballos de los conquistadores
viéndolos mascar metal (los frenos)

                    con sus espumosas bocas
No tuvieron dinero
y nadie se moría de hambre en todo el Imperio
y la tintura de sus ponchos ha durado 1 000 años
aun las princesas hilaban en sus husos
los ciegos eran empleados en desgranar el maíz
los niños en cazar pájaros
MANTENER LOS INDIOS OCUPADOS
                         era un slogan inca
trabajaban los cojos los mancos los ancianos
       no había ociosos ni desocupados
se daba de comer al que no podía trabajar
y el Inca trabajaba pintando y dibujando
A la caída del Imperio
               el indio se sentó en cuclillas
como un montón de cenizas
y no ha hecho nada sino pensar...
                 indiferente a los rascacielos
       a la Alianza para el Progreso
                   ¿Pensar? Quién sabe
El constructor de Macchu Picchu
en casa de cartón
               y latas de Avena Quaker

El tallador de esmeraldas hambriento y hediondo
         (el turista toma su foto)

Solitarios como cactus
silenciosos como el paisaje —al fondo— de los Andes
                    Son cenizas
        son cenizas
que avienta el viento de los Andes
Y la llama llorosa cargada de leña
mira mudamente al turista
pegada a sus amos

No tuvieron dinero
                Nunca se vendió a nadie
Y no explotaron a los mineros
PROHIBIDA
la extracción del mercurio de movimientos de culebra
                (que daba temblores a los indios)
Prohibida la pesca de perlas
Y el ejército no era odiado por el pueblo
La función del Estado
                    era dar de comer al pueblo
La tierra del que la trabajaba
                y no del latifundista
Y las Pléyades custodiaban los maizales
                Hubo tierra para todos
                    El agua y el guano gratis
        (no hubo monopolio de guano)
Banquetes obligatorios para el pueblo

Y cuando empezaban las labores del año
con cantos y chicha se distribuían las tierras
       y al son del tambor de piel de tapir
       al son de la flauta de hueso de jaguar
el inca abría el primer surco con su arado de oro
Aun las momias se llevaban su saquito de granos
para el viaje del más allá

Hubo protección para los animales domésticos
legislación para las llamas y vicuñas
aun los animales de la selva tenían su código
      (que ahora no lo tienen los Hijos del Sol)

De la Plaza de la Alegría en el Cuzco
    (el centro del mundo)
         partían las 4 calzadas
hacia las 4 regiones en que se dividía el Imperio
   "Los Cuatro Horizontes"
  TAHUANTINSUYU
        Y los puentes colgantes
sobre ríos rugientes
         carreteras empedradas
caminitos serpenteantes en los montes
todo confluía
    a la Plaza de la Alegría en el Cuzco
      el centro del mundo

El heredero del trono
                    sucedía a su padre en el trono
                              MAS NO EN LOS BIENES
¿Un comunismo agrario?
Un comunismo agrario
                    "EL IMPERIO SOCIALISTA DE LOS INCAS"
Neruda: no hubo libertad
                              sino seguridad social
Y no todo fue perfecto en el "Paraíso Incaico"
Censuraron la historia contada por nudos
Moteles gratis en las carreteras
                    sin libertad de viajar
¿Y las purgas de Atahualpa?
                              ¿El grito del exilado
en la selva amazónica?
                              El Inca era dios
                                        era Stalin
        (Ninguna oposición tolerada)
Los cantores sólo cantaron la historia oficial
Amaru Tupac fue borrado de la lista de reyes
Pero sus mitos
                    no de economistas!
La verdad religiosa
                    y la verdad política
eran para el pueblo una misma verdad
Una economía *con* religión

                las tierras del Inca eran aradas por último
primero las del Sol (las del culto)
después las de viudas y huérfanos
después las del pueblo
                y las tierras del Inca aradas por último

Un Imperio de *ayllus*
                ayllus de familias trabajadoras
animales vegetales minerales
                también divididos en *ayllus*
el universo entero todo un gran *Ayllu*
(y hoy en vez del *ayllu*: los latifundios)
No se podía enajenar la tierra
Llacta mama (la tierra) era de todos
                Madre de todos

Las cosechas eran hechas con cánticos y chicha
hoy hay pánico en la Bolsa por las buenas cosechas
                —el Espectro de la Abundancia—
AP, NUEVA YORK,
                (en la larga tira de papel amarillo)
AZÚCAR MUNDIAL PARA ENTREGAS FUTURAS BAJÓ HOY
LAS VENTAS FUERON INFLUIDAS POR LA BAJA DE PRECIOS
EN EL MERCADO EXPORTADOR Y POR LAS PREDICCIONES DE QUE
LA PRODUCCIÓN MUNDIAL ALCANZARÁ UNA CIFRA SIN PRECEDENTES
como estremece también a la Bolsa

el Fantasma de la Paz
tiembla el teletipo
EL MERCADO DE VALORES SUFRIÓ HOY SU BAJA MÁS PRONUNCIADA
U.S. STEEL 3.1 A 322.5, BASE METALS. 42 A 70.98 MC1038AES
                    (en la larga tira amarilla)

Ahora
la cerámica está desteñida y triste
el carmín del achiote
                            ya no ríe en los tejidos
el tejido se ha hecho pobre
                                ha perdido estilo
        menos hilos de trama por pulgada
                y ya no se hila el "hilo perfecto"
Llacta mama (la Tierra) es de los terratenientes
está presa en el Banco la mariposa de oro
el dictador es rico en dinero y no en virtudes
                y qué melancólica
                    qué melancólica la música de los yaravíes
A los reinos irreales de la coca
            o la chicha
                    confinado ahora el Imperio Inca
        (sólo entonces son libres y alegres
                    y hablan fuerte
y existen otra vez en el Imperio Inca)

En la Puna
                    una flauta triste
                                        una
tenue flauta como un rayo de luna
                    y el quejido de una quena
con un canto quechua...
                              Chuapi punchapi tutayaca
                                        ("anocheció en mitad del día")
                    pasa un pastor con su rebaño de llamas
y tintinean las campanitas
          entre las peñas
                                        que antaño fueron
          muro pulido

¿Volverá algún día Manco Capac con su arado de oro?
¿Y el indio hablará otra vez?
¿Se podrá
              reconstruir con estos tiestos
                              la luminosa vasija?
¿Trabar otra vez
                    en un largo muro
                                   los monolitos
que ni un cuchillo quepa en las junturas?
Que ni un cuchillo quepa en las junturas
¿Restablecer las carreteras rotas
          de Sudamérica

hacia los Cuatro Horizontes
                    con sus antiguos correos?
¿Y el universo del indio volverá a ser un *Ayllu?*

El viaje era al más allá y no al Museo
        pero en la vitrina del Museo
la momia aún aprieta en su mano seca
            su saquito de granos.

Mayapán

La Carnegie Institution de Washington
estelas con jeroglíficos cerámica polícroma templos de piedra
      todo lo encuentra junto en Uaxactún
    todo aparece simultáneamente
                          —Uaxactún
antes de la primera fecha (Estela 9)
Abril del 328 d. C. dice el jeroglífico casi borrado (Estela 9)
todavía erecta, 17 siglos después, como la encontró Morley.
Estela 10: glifos demasiado borrados para
ser descifrados...
Siglo VI erección de estelas
      en Tulum, en Ichpaahtún (costa de Yucatán)
        Lacanhá en los bosques de Chiapas, al sur del Usumacinta
            Pusilhá (British Honduras)
                (a quién jodido le importan estos nombres)
en todas partes erección de estelas erección de estelas
y después menos estelas
        en algunas ciudades ya no hay estelas
Tikal y Uaxactún: ya no hay estelas
y después otro Renacimiento ("Período Clásico")
cambia la forma de la vasija y el dibujo en ellas

cambia la arquitectura
        la figura de perfil en las estelas se ha dado vuelta
ya no sólo un pie (tapando al otro)
sino cuerpo de frente y los dos pies de frente
perfil, sólo la cabeza (el cuello suavemente doblado
hacia adentro de la piedra)
la piedra de las fachadas mejor labrada
Un artista oscuro en su estudio
            encorvado ensayando otras líneas
otro estilo, *avant-garde*
poetas con nuevos ismos
             ismos mayas
creando
       otra etapa de civilización para el pueblo maya
y de ciudad en ciudad la fiebre de estelas, la
     nueva-ola de estelas
          la escuela de las estelas
rascacielos
sagrados, en la selva
           rascacielos místicos
—Si yo pudiera
         volar otra vez a Tikal
en avión—
"volcanes artificiales" decían ellos
y Tikal se llena de estelas, jeroglíficos

textos bien labrados

                    Calakmul, más estelas que Tikal
            Palenque

                        Copán

                                    Yaxchilán
textos bien labrados en los altares en los dinteles
            textos   textos
largos textos

                    textos en las gradas
largos textos subiendo la larga fila de gradas
el poema meticulosamente grabado en la escalera de piedra
hacia el cielo
Fue
        cuando los astrónomos hondureños. . .
Más delicada la línea en Yaxchilán y Copán
            más nítido el detalle
de la joya en el traje, los granos de la mazorca, el peinado
el jeroglífico cargado de significado (de antiguos maestros)
más suelto el movimiento de la danza
en la piedra.
Cuando los Congresos de Astrónomos en Honduras. . .
Sobre la selva tropical: el skyline de Tikal, y
no lejos de allí, como decir New Jersey

                                otro skyline
"Building Boom" en Guatemala y
            "Estela Boom"
¿Ciudades? Sí

                    pero ciudades sagradas
              no Commercial Centers
      sino centros ceremoniales, Ceremonial Centers
      las filas de estelas y estelas, no
                              neón, no anuncios comerciales
      (sus anuncios: poemas en las piedras!)
      Esas habitaciones son oscuras: celdas
      para la oración y el ayuno
      Novicios... noches en vela
                        Tikal blanco a la luz de la luna
      o en las largas noches de lluvia...
      O Tikal blanco bajo el sol!
              oscuridad adentro
      y allá abajo los gritos del base-ball sagrado.
      ¿Y qué veía el turista?
      Pirámide tras pirámide templo tras templo
                        ("cuando las Pirámides eran blancas...")
      fachadas frente al sol
      escaleras bajo el sol en luz y sombra
      cada grada mitad luz mitad sombra
      templos blancos o en sombra, luces y sombras
      un muro oscuro y el otro lado iluminado
                        blanco y negro
      blanco y negro entre lo verde
      y unas más altas que otras, unas pirámides sobre las otras
      aquí desde la plaza central

de Tikal, como donde se juntan Broadway y 42nd Street
DISOLVENCIA...
Escalinatas rotas
                grises contra el cielo
      borrosas por el tiempo
monos en los palos que las cubren
                palos de hule, palos de chicle
Ahora enfoca la cámara:
escombros abrazados por el mata-palo
lianas
     gruesas como mangueras de bombero

...volar otra vez a Tikal
en avión. Pasar sobre aquella ciudad Flores
la que está en medio del lago.

Las carreteras no eran para carros
                    sino para ritos
las carreteras, religiosas
Las ciudades no tenían defensas
        (como pueblito maya de hoy, sin defensas
     entre sus milpas)
No tenían murallas ni cuarteles
     la palabra "muralla" no hay en su lengua
     la palabra "cuartel" no hay en su lengua
Tan democráticos

que los arqueólogos no saben nada de sus gobernantes
Eso ya lo dije antes (Período Clásico)
No me interesa ahora. Me interesan los Cocom
la familia Cocom ("Enredadera de flores amarillas")
            es decir mata-palo
                y Mayapán "LA QUE TIENE MURALLAS"
Mayapán ciudad no maya
"...por la traición de Hunaac Ceel gobernante de Mayapán..."
Desenterrada en Mayapán

                            —Carnegie Institution de Washington
la pobreza cultural de ese régimen militar!
Centralismo en Mayapán. Totalitarismo. Control sobre Yucatán.
Enormes esas ruinas (alrededor, una muralla) pocos templos
muchos palacios
pocos jeroglíficos en Chichén
y menos textos aún en Mayapán
La Dictadura. Mediocre el templo de Kukulkán
mediocres templos (copias)
Grandes fachadas de piedra, piedra pelada
mal labrada
Las columnas una mierda
Cerámica monocroma, monótona
como al principio, como olmecas
o: como anuncios de gasolineras en una carretera de Texas
Ninguna joya en los entierros
para el Más Allá, sólo calaveras

ningún objeto bello a esos jefes para el Más Allá
sino cautivos, sino esclavos, y mucha comida (en tiestos baratos)
Ejecuciones en masa para su Más Allá.
Chichén Itzá ya decaída
                la Torre del Caracol desmoronándose
Eso a raíz del triunfo de Hunaac Ceel
(lo dice la cerámica)
                (1200 d. C. dice la cerámica)
    y después no más Cerámica.
Por la traición
        ("por el pecado de palabra de Hunaceel"

                                dice el Chumayel)
Y en Mayapán aparece el metal. Repito
aparece el metal. Y los exilios
ah los exiliados de Chichén Itzá!
                "Yo era un niño tierno
                        en Chichén
                cuando el hombre malvado
                        el amo del ejército
        vino a arrebatar la tierra
        ¡Oh! En Chichén Itzá
                nació el ateísmo."
El arco y la flecha importados
                No los conocían antes
                No fueron inventados allí
La mejor albañilería

en la casa de los nobles no en los templos
Las buenas esculturas (del estilo Puuc) (es decir, Antigüedades)
en las casas de los ricos
Mediocres las esculturas de los templos
incensarios de mal barro. poroso; y hechos en moldes;
dioses en serie, mass production, assembly line, Henry Ford.
Avances en la técnica no hay duda
Y después toda la dinastía de aquel Hunaac Ceel, los Cocom
250 años en el poder esos Cocom
Cocom, que quiere decir en maya:
"Enredadera de flores amarillas, familia Somoza, Mata Palo".
Aztècas los *Ah Canul* (guarda-espaldas)
Y los Cocom vendiendo a los mayas
vendiendo mayas a los extranjeros
        "........y que assí truxo gente mexicana a Mayapán. Que
          aquel Cocom fue primero el que hizo esclauos..."
Hasta que Ah Xupán se rebeló.
La rebelión triunfó.
Todos los Cocom asesinados
no, menos uno, el chavalo que estaba en Honduras o no sé dónde
Grandes cantidades de carbón, vigas chamuscadas entre escombros
allí está desenterrada por la Carnegie la rebelión. Y calaveras,
obsidiana entre las costillas; en una pelvis...
Pero las pirámides
        ya no se hicieron

      Cayó Mayapán!

Cayó Mayapán!
Cayó Mayapán la amurallada
El pájaro verde, el consolador
el quetzal verde en la rama verde
anuncia el amanecer
junto con el Lucero del Alba, el despertador
y la chachalaca-cara-de-sol
ave vigía del pueblo, grita
grita anunciando el sol.
CAYÓ MAYAPÁN LA QUE TIENE MURALLAS

Pero las pirámides ya no se hicieron
por templos, chozas de palma
las carreteras no se repararon
guerras civiles desde entonces
El mata-palo en la pirámide, desmoronándola...
Y poetas-profetas profetizando katunes malos
13 Ahau: "ningún día de buena suerte para nosotros"
11 Ahau: "avaro es el katún; escasas las lluvias... miseria"
7 Ahau: "pecado carnal, gángsters en el gobierno"
5 Ahau: "malo su rostro, malas noticias"
10 Ahau: "sequía es el peso de este katún"
Y no más culto a Quetzalcoatl —los
mayas actuales
no recuerdan a Quetzalcoatl—
Artcrafts de Guatemala, lo que queda de aquel arte

tejidos para turistas, Mexican Curious
        la foto es melancólica
        la foto es en colores pero melancólica
Colorful
        (Aquel
                tucán que yo vi en Tikal
junto al hotel. . .)
                La culpa fue de los militares
Mayapán no maya
Y
    como quien baja de una pirámide
                                (1200-1450 d. C.)
        la pérdida de los valores mayas
de una alta pirámide
                a la selva de abajo

El Tiempo el Tiempo el Tiempo
la preocupación por el misterio del tiempo
habían sido esas estelas
o: obsesión de eternidad
Fechas hacia atrás
                buscando la eternidad
buscando el futuro también
hacia atrás, en la eternidad
Cada vez más atrás
el almanaque de un año Noventa Millones de años atrás

                    (en Quiriguá, Honduras)
y Cuatrocientos Millones de años atrás
                    (allí mismo, Quiriguá, en otra estela)
y más atrás!
Los progresos de la astronomía y matemática en esas piedras
progreso de los sacerdotes-astrónomos sacerdotes-científicos
y los mejores artistas para la labrada —la
            figura del 'dios' bien dibujada
Pero progresos hacia atrás
                                cada vez más atrás
hasta el comienzo del tiempo (o es que no tuvo comienzo???)
por el Pasado
                como abriendo una carretera en la selva
de un infinito Petén!
Hasta el Comienzo
cuando todo estaba en suspenso   todo inmóvil   todo silencioso
                todo vacío
    solamente solo quieto el mar el cielo todo
y nada que estuviera reunido   nada ruidoso
        y todo estaba invisible   todo inmóvil en el cielo
    solamente quieta el agua   solamente
            tranquilo el mar
            y no existía nada que existiera
solamente la inmovilidad   el silencio
    en las tinieblas
                    en la noche

167

solamente el Corazón del Cielo

                              Huracán su nombre

       El Cosmos una milpa

y el invento del gigantesco calendario

           de 374 440 años

                  era para la gran Milpa

o mejor:

       la inmortalidad universal

Su astronomía religión de infinito

Y la construcción de pirámides sobre pirámides

la pirámide antigua debajo de la nueva

sobre viejas estructuras, superpuestas otras más altas

      —la pirámide E-VII sub

           bajo la pirámide VII del Grupo E—

   con miras a lo eterno:

hasta que cosechada la Milpa

y acabado el ¡Gran Calendario

todo estuviera otra vez

           en quietud   silencio

        solamente la inmovilidad   silencio

     solamente el Corazón del Cielo

                  Huracán su nombre

Pero el tiempo es redondo se repite

pasado presente futuro son lo mismo

revoluciones del sol
                    revoluciones de la luna
revoluciones sinódicas de los planetas
y la historia también revoluciones
Se repiten
Y los sacerdotes
                    llevando la cuenta
                                        calculando
las revoluciones
y cada 260 años (un Año de años)
la historia se repite. Se repiten los katunes
Katunes pasados son los del futuro
historia y profecía son lo mismo
El Katún 8 Ahau era de lucha
                    y cambios políticos
y cada vez que volviera el 8 Ahau
                    habrían luchas y cambios políticos
En el Katún 8 Ahau *"cayó Mayapán"*
                    (dice el CHILAM BALAM DE CHUMAYEL)
...*"para vaciar de la ciudad de Mayapán*
                    el poder amontonado en ella..."
Los Idus de marzo de los mayas!
Katún 8 Ahau:
          ...*"será el término de su codicia*
                    el término del sufrimiento que causan al mundo..."
                              (CHILAM BALAM)

...―Cuando llegue la hora de todos los que estuvieron reinando...
                    ...de todos los hijueputas...
...ésta es la palabra del 8 Katún Ahau
                    el mismo en que fue despoblada Mayapán...
...mala es la palabra del katún pero así sucederá...‖
                              (CHILAM BALAM)

Katún 8 Ahau:
...―Vendrá el apresurado arrebatar de bolsas
y la guerra rápida y violenta de los codiciosos ladrones:
ésta es la carga del Katún para el tiempo del cristianismo...‖
                              (CHILAM BALAM)

y (palabras terribles del Chumayel, Libro X):
...―No es preciso que entreguéis vuestra cabeza al Arzobispo
                    ...están ahora con los Cocomes...‖
          ...―Será el fin de la opresión y de las desdichas de todos. Es
                    la palabra de Dios...‖
                              (CHILAM BALAM)

Y yo digo pues que caerá Mayapán
          En este katún siempre cae Mayapán la amurallada

          El hule maya para la Goodyear
          el chicle maya para Chiclets Adams
                    La culpa fue de los militares, y ahora
en la pared de palma el calendario de CARLOS OCHOMOGO & HNOS
                    pin-up-puta peinándose

"Artículos de toda clase——Los Mejores Precios"
(y el almanaque Bristol)
Y en el cine del pueblo Dorothy Lamour
                         entrada: 0.50 quetzal
a la par del dólar
¿El quetzal de cola de culebra, quetzal-Quetzalcoatl
a la par del dólar?
                    No vive en la cautividad
Ni es moneda, *quetzal* de mierda
Vive libre en las selvas
 (yo vi en el gran escritorio del Presidente Arévalo
un quetzal
         pero disecado)
vuela verde en la selva
         Y hay esperanzas
"Ninguno aspira a recibir más de lo justo
      (acerca de los mayas actuales)
               porque sabe que sería a costa de otro"
y también:
"el dinero juega un papel muy insignificante
         en la economía maya"

                              —dice Thompson

1200-1450 d. C.
                    Ésta es la
                    Este-
                       la

Marchas pawnees

Una manta. Unas cuentas de colores
una pipa labrada por Gavilán Azul
                        gratuitamente de tribu en tribu
en un intercambio no comercial sino religioso
gratis, a través de grandes extensiones
de los Estados Unidos.

Por esas praderas pasaban los pawnees.

Donde están las instalaciones de la Boeing Co.
                necrofílica
o la Dow productora de napalm
                        necrofílica
Dow Co. (condones y napalm)
                odiadora de la vida
        "era en primavera, cuando se aparean los pájaros
        "o en verano, cuando hacen sus nidos
y las carreteras por las que van los convoyes verdes
cargados de armas
por esas praderas pasaban los pawnees

"o en otoño, cuando vuelan en bandadas.
"No en invierno cuando está dormida la vida.
            General Motors 11.7 %
            American Motors 7%
    $ 870.8 billones, un aumento de 8 %
                    anuncios comerciales en el cielo
escritos por aviones
                y el rugir de los R S-71 y los A-11 en el cielo
                    siniestras alas
                        cuerpo en forma de bala

los pawnees, en procesión de paz.
Bajo cielos de Kansas.

And, man
dice el vice-presidente de la Cámara de Comercio
de Wichita, Kansas
                aquí hay prosperidad. La verdad
            es que si mañana terminara la guerra
habría pánico

Los espíritus de los hombres y animales
podían salir de sus cuerpos y viajar lejos.
Así también los espíritus de las personas
            podían juntarse...

"epidemia de paz" dijo Johnson (*Time,* Feb. 17, 67)

Fueron soñados esos cantos, dicen ellos
fueron soñados esos ritos y esos cantos
antiguamente, por sus antepasados

                    Los vientos son invisibles
                            pero tienen mucha fuerza

Una vez un sacerdote iba por una pradera
y vio un nido escondido entre el zacate y se dijo
si mi pueblo aprendiera de los pájaros
la tribu estaría alegre, llena de niños.
                (Un cese del bombardeo es
                        dice Rusk
                "casi una propuesta obscena")

Por esas praderas
por praderas y montañas. Y era impresionante.
A veces pocas millas; otras, 100 millas o más
(Tahirassawichi había llevado la procesión hasta los omahas)
Algo muy distinto de los grupos de cazadores
o guerreros, o simples viajeros.
        Y no tan sólo para pedir abundancia:
sino sobre todo para establecer una unión
entre dos grupos, una especie de comunión

       "y para que haya paz entre las tribus"
Debía ser entre dos pueblos, dos clanes o dos tribus
necesariamente dos comunidades diferentes
     (y a veces eran antagónicas)
Un grupo marchaba hacia el otro con cantos
adelante los jefes con plumas de águila
avanzando rígidos, en silencio, con la mirada fija
detrás los cantores con el tambor de madera
      al final los caballos con regalos.
Era también un intercambio de bienes
y así los productos artesanales y artísticos de una tribu
iban gratis de tribu en tribu
a través de los Estados Unidos.
      En la inmensa pradera, millas y millas
   manteniendo el mismo orden
      días tras día.
Y si un grupo de guerreros desde una cumbre los divisaba
no los atacaba, sabiendo que llevaban símbolos
más fuertes que las armas.
      Se volvían a sus pueblos en paz.

¿Podrá haber paz
sin que los bancos quiebren?
      100 millones anuales da Electra a
la Lockheed (Electra, avión de patrullaje)
¿Y qué ganancia dan a la Lockheed Aircraft Corp.

175

                    el proyectil Polaris
                        y el F-104?

                              Los vientos son invisibles
                                  pero tienen mucha fuerza
Toda agua es sagrada.
Los blancos enseñaron a los indios a profanar el tabaco.
Vientos sol tierra plantas agua
son Poderes Menores entre Tirawa y el hombre.
              —A Tirawa no hay que imaginarlo como gente.
Un sacerdote oyó cantar un pájaro una mañana
con notas más alegres y agudas que los otros
lo buscó y era el gorrión, el más débil
se dijo: ésta es una lección para mi pueblo
todos pueden ser felices y tener una canción.

Yo he hecho lo que nunca se había hecho
dijo el *kúrajus* a Miss Fletcher
      le he dado a usted los cantos
tal vez para esto fue conservada mi vida
              para cantar los cantos sagrados
en la gran flauta.

What are you going to do with the production?
              (el vice-presidente señala hacia la Boeing)
"¿Qué haríamos con la producción

y el trabajo de esos 400 000 ·
                    (señala las praderas de la Boeing)
si hubiera paz?"

La voz del viejo *kúrajus* grabada en el viejo gramófono
Lo que el sabio *kúrajus* de los pawnees
dejó dicho (cantó) en la gran flauta.
         La gran flauta: el gramófono de Miss Fletcher.

La danza del espíritu

'Estas tierras son nuestras
            nadie tiene derecho de sacarnos
     nosotros fuimos los primeros dueños'
                    Estrella Fugaz a Wells, 1807
Y el Presidente podría estar tranquilo en su gran Aldea
            bebiendo su vino en paz
        mientras él y Harrison tendrían que pelear
                    Estrella Fugaz a Harrison, 1810
El Gran Espíritu dio esta gran isla a sus hijos pieles rojas...
        Nos han ido empujando desde el mar hasta los Grandes Lagos
            ya no podemos ir más lejos!
decía Tecumtha (o "Estrella-Fugaz")
—Esperaba que los blancos se detendrían en el Ohio...
Y aquella grandiosa Confederación de tribus
pobres
            harapientas, hippies
desde los Grandes Lagos hasta México
    ...'sin intención de hacer la guerra a los Estados Unidos'...
que soñó Tecumtha, el meteoro, Estrella-Fugaz!
(Crearía un imperio como el de Moctezuma o

178

los Incas informa Harrison al Depto. de Estado
    "si no fuera por la vecindad de los Estados Unidos")
Todos los años volvían en la primavera:
subían, de sur a norte, con la primavera
y su llegada era segura como la primavera.
Cuando se veían los primeros
                verdores, las
primeras flores (huellas
del mocasín de Dios en las praderas)
allá en el horizonte... un punto... varios puntos...
                muchos puntos!!!
        y la pradera era una inmensa masa de búfalos.

El Gran Espíritu nos dio esta tierra
para que aquí encendamos nuestros fuegos.
                                Aquí
nos quedaremos.   Y en cuanto a fronteras
el Gran Espíritu no reconoce fronteras
y sus hijos pieles rojas no las reconocerán tampoco...
                        (Estrella Fugaz)
Después Känakúk, un nuevo profeta:
            si un blanco golpea, no quejarse.
Es malo tener hechicerías y amuletos.

—Rebaños de veinte de doscientos de diez mil de
            diez millones de búfalos

veinte millas cincuenta millas doscientas millas
          de ancho (el largo no se conocía)
       la tierra toda retemblando con los búfalos
y oídos a dos millas a 3 millas
los mugidos—

      ("si no fuera por la vecindad de los Estados Unidos")

...El Gran Espíritu nos puso en esta tierra
                    por qué quieres quitárnosla?
.Padre mío General Clark
       estoy hablando y hablando
para que tengas piedad de nosotros
y dejes que nos quedemos donde estamos.
Padre mío Clark quiero que cuando acabe de hablar
le escribas al Gran Padre el Presidente
que deseamos quedarnos donde estamos un poquito más
y ahora hablaré para el Gran Padre el Presidente
Gran Padre Presidente deseo que medites en nosotros
deseo hablar con palabras pacíficas y suaves
algunos jefes dijeron que la tierra es de nosotros los Kickappos
no es esto lo que me dijo el Gran Espíritu
la tierra es de Él
cuando vi al Gran Espíritu me dijo dícelo al Presidente
me dijo que arrojáramos los tomahawks

Desde que hablé con el Gran Espíritu

mi pueblo no tiene qué comer anda mal vestido
No me dijo que vendiera mi tierra
porque yo no conozco el precio de un dólar
tú sabes escribir copiar lo que se habla yo
no yo todo lo hago por el Gran Espíritu
todas las cosas son del Gran Espíritu
ya he terminado confío en el Gran Espíritu

En el verano estaban en Montana
en Nebraska y Wyoming en el invierno
                          llanuras nevadas negras de búfalos
           y los indios iban al norte con los búfalos
y en el invierno hacia el sur hasta Texas
con los búfalos

La noche de las praderas, grandes quemas
                          allá lejos
           como ahora de noche Denver
como cuando uno se acerca de noche a Denver en un bus de la Greyhound

Pero eran menos cada año
eran menos cada año los rebaños.
NO DEBÉIS LUCHAR fue la enseñanza de Wowoka
                dejaron de beber Whisky
           quitaron de sus tiendas los cueros cabelludos.
La doctrina de los payute era danzar.

181

Los búfalos que emigraban hacia el sur al empezar el invierno
      corriendo contra el viento
   y pasaban de sur a norte en primavera
         corriendo contra el viento
eran menos cada año.
     Tuhulhulsote junto al fuego: nosotros
nunca hemos comerciado
la tierra es parte de mi propio cuerpo
yo nunca vendí mi tierra.

      Se iban los búfalos de las praderas
      y se iban los indios con los búfalos.

Danzar danzar
   en todas partes.   Todos los indios deben danzar.
Muy pronto, en la próxima primavera
vendrá el Gran Espíritu
con todos los animales de caza otra vez
y todos los indios muertos otra vez.
Sigan danzando sigan dan-
zando en las praderas.
        Vendrán los tiempos buenos.
RESUCITARÁN TODOS LOS MUERTOS decía Wowoka
      Jack Wilson (Wowoka)
la guerra era mala y no debían pelear

la tierra será toda buena más tarde
            hermanos, todos serán hermanos
indios y blancos formando un solo pueblo.

Un fuego.   La nueva fe corrió como un fuego
soplado por el viento de las praderas.
            La pintura roja era la aurora
                las plumas de águila los rayos del sol
                    el águila era el sol
el que lleva las plumas está unido con Dios
lleva en su cabeza la "Presencia"
            El Águila vendrá a llevarme
            El Águila vendrá a llevarme

Smohalla en su tienda a la orilla del río Columbia
            fumando su cigarrillo sagrado
                "somos pocos y débiles
                    no podemos hacer resistencia".
Era una palabra mala la que llegaba de Washington
            En el principio todo era agua y Dios estaba solo
se sentía muy solo y creó la tierra.
    El hombre tenía alas y volaba adonde quería
pero el hombre se sintió solo y Dios hizo una mujer.
Dios mandó al hombre a cazar
            y a la mujer cocinar y preparar las pieles.
El gran río estaba lleno de salmones y las praderas de búfalos

Los más fuertes cogieron los mejores pescaderos
Dios se puso bravo y les quitó las alas
mandó que los pescaderos y tierras fueran de todos
que no se demarcaran ni dividieran
      ésta es la ley antigua.   Los
que dividen la tierra y firman papeles
    serán castigados por Dios.
Es una palabra mala la que viene de Washington.
Todos los que han muerto volverán a vivir
     No nos iremos, porque
el pueblo debe esperar *aquí,* en esta tierra, su regreso.

     Y, en sueños
        su sabiduría.
   Era aprendida en sueños
         decía Smohalla.
"Los muchachos de mi tribu no trabajarán
    los hombres que trabajan no sueñan.
  Nosotros nunca seremos ricos como los blancos".

Y un jefe umatilla (polvaredas de los últimos búfalos
allá lejos, cactus, set de película de vaqueros
y estremecida por el viento la tienda de cuero de búfalo)
       :tú me dices vete a otra tierra
        yo no quiero dinero por mi tierra.
...y el viento trae del campamento

un son
de canción protesta.

El búfalo era el Universo
la totalidad de las formas manifestadas
y comida vestido vivienda artefactos etc. todo era de búfalo.

En 1810 ya no hay búfalos en Kentucky
Al día siguiente (1 de enero)
ya no hubo búfalos en Pennsylvania
Xtmas de 1802 el
último búfalo de Ohio fue matado
Y nada, no evitaban la llegada de los blancos, cada
año más blancos
el ferrocarril trajo más blancos
desaparecían los búfalos de las praderas
y el ferrocarril avanzando, avanzando
los rieles cortando los campos de los indios
y ellos perdían la libertad de las praderas
llevados cada vez más lejos, a
más lejanas reducciones
desaparecían como los búfalos de las praderas
y se fueron sus tradiciones y sus cantos
con los búfalos
Tus búfalos comedores de flores de la primavera
Vachel Lindsay!

corrían donde corren ahora las locomotoras.
          Tus búfalos comedores de flores de la primavera!
Y la fiebre del oro. El oro
trajo más blancos
                    Cansado, cojo, casi sin poder correr
                    rodeado de lobos
                         el último búfalo que se vio en Montana—
Y un viejo arapajo muy viejo en su tienda vieja
          cuero podrido de búfalo
     :"la hierba está vieja
     nuestra vida, vieja
     esta tierra muy vieja.
               Todo será nuevo otra vez"

Y decían los indios en las praderas del sur
          "los ríos las montañas
          todo está envejecido y va a renovarse"
De tribu en tribu pasó la danza
          (tizón de fogata apagada
               que soplado, soplado
               por el vasto viento de la pradera
          revive, y es un incendio de praderas y praderas)
La DANZA DEL ESPÍRITU era sin armas
noche a noche danzando la danza santa
               Hubo tribus que dejaron sus armas de fuego
               y aun todo lo que era de metal

'todo igual como antes de los blancos'
En Oklahoma decían que la nueva tierra vendría del oeste.
                    Con todos los indios muertos
los que han muerto desde el principio, resucitados
            con búfalos bisontes venados resucitados.
Y unos regresaron a sus tribus contando, Jesús
vino otra vez.   Los blancos lo mataron
detrás de las Grandes Aguas, ahora
vino donde los indios, que nunca le hicieron daño.
Volverán los días de antes.   Los
búfalos también volverán.
                    Disparar a otros hombres es malo.
No lo quiere el Gran Espíritu.
Y en Nevada otro profeta, payute:
Lo primero, no más guerras
                    Amarse unos a otros
todos deben danzar
                    MAKE LOVE NOT WAR
            Estar en paz con los blancos
Y los sioux diciendo
(los sioux sin búfalos) :
                    Están viniendo
todas las tribus muertas están viniendo
            y grandes manadas de búfalos con ellos
vivos otra vez
            de las praderas del Gran Espíritu

están viniendo.

     Todos los animales serán devueltos a los indios
pronto
         en la próxima primavera
   cuando la hierba llegue a la rodilla
      el día de la resurrección general.

Sin armas en las manos
         sino manos en las manos
            danzando en rueda
(el rojo era la aurora)
      Así dijo el Padre
      que canten todos en la tierra
      lleven lejos su mensaje
      lleven lejos su mensaje
(Las plumas de la cabeza eran alas
     para volar a las
        praderas del cielo)
En 1889 los oglalas oyen decir
que el hijo de Dios ha venido en el oeste
     y danzaron los oglalas.

Las manos en las manos.
     De tribu en tribu pasó la Danza.
Pacifismo, sit ins, no violencia.
   "Queremos vivir con los blancos como hermanos"

Vieron en los trances de la danza el mundo de los espíritus
        todas las tiendas de piel nueva de búfalo
los espíritus a caballo de vuelta de cazar búfalos
a la luz de la luna, cargados con carne de búfalo
     y las praderas con miles y miles de búfalos.
La danza del Espíritu era sin armas
Y unos que estuvieron en la nación de indios espíritus:
        "la nación de indios muertos está volviendo
        está volviendo
 y EL GRAN ESPÍRITU volviendo donde sus indios pieles rojas."
Y
..."en la tierra de hombres espíritus
 yo vi un tipí
 y en la puerta del tipí un hombre espíritu
 me dijo: los blancos y los indios deben danzar
 todos juntos; pero primero deben cantar.
      No debe haber más guerras".

Vieron los espíritus acampando en las praderas del cielo
la clavada de las estacas, la
      levantada de las tiendas
las mujeres trayendo leña y empezando a cocinar
el viento silbando en los postes de las tiendas, haciendo
temblar los cueros.
      La fogata adentro con canciones
    y el humo saliendo de la tienda...

Algunos comieron carne de búfalo traída de allí.
Y uno vio en su trip a uno de una tribu ya extinta
y vieron en sus trips los ríos del cielo en colores sicodélicos
los cheyennes.
      Y cantaban los comanches
          Viviremos otra vez
          Viviremos otra vez
Y los caddos cantaban que ya estaban subiendo
    —y ciertamente los caddos estaban subiendo!—
arriba, adonde vive su pueblo, arriba, adonde vive su pueblo
        Ven, Caddo, todos vamos arriba
           Ven, Caddo, todos vamos arriba
    a la gran Aldea
    a la gran Aldea

Sitting Bull profetizó que
        las plumas sagradas
defenderían a los indios del fuego nuclear.

Junto a la Agencia del Lago Walker, un redondel como el
de un circo
      Esperaron toda la noche ansiosos por ver a Cristo
Al amanecer llegó muchísima gente, con ellos
venía el Cristo.   Después del desayuno les habló el Cristo.
        "le vi una cicatriz en su cara y otra en una muñeca
          no le pude ver los pies"

Lo último que se supo de Wowoka:
que lo vieron en una feria de San Francisco.
La Danza siguió pero con una nueva esperanza
no inmediata febril y delirante como antes sino
                    una serena esperanza
como la esperanza en la resurrección que tienen los cristianos
                    dice Mooney.

Y aquel gran viejo que yo vi en Taos
 (con la bata y las trenzas parecía vieja)
me entendió cuando yo dije: to heaven.
Porque el turista vejete de New England le preguntó
si conoció los búfalos: Sí, de niño; y con tristeza:
No más búfalos... I wonder where they have GONE
y yo dije to heaven
y el vejete jjjj se rió como de un chiste
y el viejo jefe sonrió triste (y me entendió)
(otoño 1965, mi viaje a usa a
                    ver a Merton y los indios)

Katún 11 Ahau

Katún de muchas flechas y deshonrosos gobernantes,
de tristeza en las chozas,

                              cuchicheos,
        vigilancia en la noche.
En este katún
lloramos por los libros quemados
y por los exilados del reino. La pérdida
del maíz
y de nuestras enseñanzas del universo.

Avaricia y pestilencia y rocas y calaveras.

El cacique Gato Montés. El cacique Oso Melero. El jaguar del pueblo.
En este katún escribe el chilán:
                    "el pueblo come piedras
                    come palos".
El katún de la colecta de tributos,
        del robo de la máscara,
del robo del tesoro enterrado en la milpa.
En este katún siempre hay invasores,

enemigos de la tierra.

Ah los chupadores...
                    —Jejenes de los pueblos.
Los vaciadores de tinajas.
Y qué dura nuestra vida en la selva, como tepescuintles.
Desprecian nuestros conocimientos del libro del universo
para la protección del pueblo.
        (En este katún se ríen de nuestros trajes.)
                    Perdidos los jeroglíficos en el monte.
Nuestra Civilización, bajo los zopilotes negros.
El huracán arrancó nuestras casas.
Los Nobles son peones cavando en la carretera.
El pueblo va encorvado con su montaña cargada en una red.
Y los gobiernos, son como sequía...
Y decimos: si volviera aquel
                que por primera vez construyó un arco,
        compuso oraciones,
creó el calendario que hizo posibles las crónicas y la historia
            y los augurios del futuro.
Ahora, mientras tanto, como tepescuintles.
Tristísima luna.
tristísima luna en el cielo del Petén.
Opresión...
            Vigilancia en la noche
El gran Oso Melero libidinoso...

Y escribe el chilán, "el que es boca":
                    "Ahora hay Gran Plaga, gran huracán"
            En el mar azul sale la aleta
            sale la aleta
                        del maligno Xooc, Tiburón.

Pero pasará el katún de los Hombres Crueles.
El Katún del Árbol de la Vida será establecido.
—Y un gobierno benévolo.
Ya no le pedirán al pueblo reducir la comida.
El Katún Unión-con-una-Causa,
el Katún "Buenas condiciones de vida".
Ya no hablaremos más en voz baja.
El pueblo va a estar unido, dice el chilán.
Muchos se juntarán para cantar juntos.
            Ya no existirá más el Oso Melero.
La piedra del monte tendrá otra vez un rostro hermoso.
La piedra cuadrada
                    tendrá rostro.

Habrá buenos gobernantes para dicha del pueblo.
        Señores legítimos.
Abundancia en las montañas, y bellas ceremonias.

Es el tiempo de construir sobre la vieja pirámide
                    una nueva pirámide.

Es arponeado el maligno Xooc, Tiburón.

Y siempre habrá chilanes en el pueblo.
El Chilán:
            el que lee las escrituras sagradas
y estudia el cielo nocturno.
—Los movimientos del Sol y de la Luna
para saber el tiempo de la preparación de las tierras,
la cortada de las mazorcas,
                  la quema de las milpas,
    la puesta de las trampas,
la búsqueda de los venados en el monte.
El Chilán: Él señala los días de lluvia.
Los días en que los hombres cantan.
El final de la estación de las lluvias.
Defiende de las plagas y el hambre.
Distribuye la comida en los días de hambre.
Supervigila la labrada de las estelas,
      diseña los nuevos templos,
entrega las tabletas con los eclipses.

8 Ahau

Palabras falsas han llovido sobre nosotros
Sí, hemos tenido un ataque de palabras
        El pan de la vida
     nos ha sido reducido a la mitad
Los discursos del demonio llamado *Ah Uuuc*, El-siete-muerte
      Ahora nos gobiernan los coyotes
      ahora los lagartos están mandando
Coge tierras Hapai-Can, Serpiente tragadora
Diréis: en aquel katún hubo Subdesarrollo etc...
        El terrible Ayin, Lagarto
         y el maligno Xooc, Tiburón.
Y sobre nuestras cabezas, los zopilotes de la muerte...
          En esta época de Señores Plebeyos...
     Palabras falsas. Palabras de locura
Hemos tenido el ataque de las malas lenguas.
        (Los enemigos de nuestra comida)
Augurio de pésimos gobiernos...
Decimos:
      tal vez tengan lástima de las milpas
    Despotismo.

Mamadores.

...mientras tanto los Monos-Señores...

Las Zorras mordedoras van de choza en choza
                            recaudando impuestos.

Usurpando el mando
            los engendrados en mujeres de placer
                    (los hijueputas)
Cuando venga el cambio de poder
cuando venga el gobierno de muchos
            grandes serán sus jícaras
                    grandes los platos en que coman en común
entonces el Katún será establecido
                    el katún del Árbol de la Vida
Veo ya a los generales detenidos
                    llevados presos.
                Escribimos en el Libro para los años futuros.
                    Los poetas, los
            que protegemos al pueblo con palabras.
Las profecías os engañarán
                    si tenéis desprecio por ellas.
            Un Katún No-Violencia
Cielos tranquilos sobre las milpas del pueblo
            ...en el tiempo de la cosecha de la miel...
                    Entonces nos devolverán la choza hermosa.
En palabras pintadas está el camino
en palabras pintadas el camino que hemos de seguir.

Mirad la luna, los árboles de la selva
                    para saber cuándo habrá un cambio de poder.
¿Qué clase de estela labraremos?
                    Mi deber es ser intérprete
                              vuestro deber (y el mío)
                    es nacer de nuevo

Ardilla de los tunes de un katún

Ay los ojos de los niños no pueden leer las escrituras.
      Los libros de madera. La escritura
     en la piedra. Y ellos son como ciegos...
nuestros hijos.
Lloran en la noche, Cuy, Lechuza, Icim, Búho
        entre las ruinas.
                 Y cuando lloran
    el indio muere.
Dispersados los hombres que cantan.
      Los Jaguares son condecorados.
      Juntas Militares sobre montones de calaveras
y zopilotes comiendo ojos
El dictador sacrificador-que-saca-corazones-humanos
      Miss Guatemala asesinada
por la "Mano Blanca"
Y vino a flechar la United Fruit Co., vino a flechar
al moto, a la viuda, al miserable.
Han comido Quetzal lo han comido frito.
       ¿No nos han degradado ya bastante?
Gobernemos para arrebatarle el dinero al pueblo así dijeron

¿Y acaso saben de nuestros días, de las estrellas?
        El Calendario
como una mierda.
Impuestos, para pedir limosna al mendigo, al miserable.
Chilán Poeta Intérprete Sacerdote hacé saber
que ya llegó la primera luna llena del katún
      luna encinta
El tiempo en que el Presidente vomite lo que tragó
y la reina de belleza resucite en la Estación de Policía
Dirá:
      díganme cómo se va a Chichén Itzá
Y sí habrá alegría por la abundancia del pueblo (no
aflicción)
Mayapán será el lugar donde se cambie el katún
Cuceb quiere decir Revolución
        literalmente "Ardilla" (lo que gira)
Será entonces el fin de su mendicidad y de su codicia.

Tahirassawichi en Washington

En 1898 Tahirassawichi fue a Washington
"solamente para hablar de religión"
                    (como dijo al gobierno americano)
          solamente para preservar las oraciones.
Y no le impresionó el Capitolio.
La Biblioteca del Congreso estaba bien
pero no servía para guardar los objetos sagrados
que sólo podían guardarse en su choza de barro
                    (que se estaba cayendo).
Cuando en el monumento a Washington le preguntaron
si quería subir por el ascensor o las escaleras
contestó: "No subiré. Los blancos amontonan piedras
para subir a ellas. Yo no subiré.
          Yo he subido a las montañas hechas por Tirawa".
Y Tahirassawichi dijo al Departamento de Estado:
"La Choza de Tirawa es el redondo cielo azul
                    (no nos gusta que haya nubes entre Tirawa y nosotros)
Lo primero que hay que hacer
es escoger un lugar sagrado para habitar
un lugar consagrado a Tirawa, donde el hombre

pueda estar en silencio y meditación.
Nuestra choza redonda representa el nido
          (el nido donde estar juntos y guardar los hijitos)
En el centro está el fuego que nos une en una sola familia.
La puerta es para que cualquiera pueda entrar
y es por donde entran las visiones.
El azul es el color de la Choza de Tirawa
y mezclamos tierra azul con agua de río
porque el río representa la vida que corre
sin parar, a través de las generaciones.
La olla de la pintura azul es la comba del cielo
y pintamos una mazorca, que es el poder de la tierra.
Pero ese poder le viene de arriba, de Tirawa
por eso pintamos la mazorca con el color de Tirawa.
Después ofrecemos a Tirawa humo de tabaco.
          Antes no se fumaba por placer sino sólo por oración
              los blancos enseñaron a la gente a profanar el tabaco.
En el camino saludamos a todas las cosas con cantos
porque Tirawa está en todas las cosas. Saludamos los ríos:
desde lejos los ríos son una línea de árboles
              y cantamos a esos árboles
más cerca vemos la línea de agua, y la oímos sonar
y cantamos al agua que corre sonando.
Y cantamos a los búfalos, pero no en las praderas
el *Canto de los Búfalos* lo cantamos en la choza
porque ya no hay búfalos.

Y cantamos las montañas, que fueron hechas por Tirawa.
A las montañas subimos solos, cuando vamos a rezar.
Desde allí se ve si hay enemigos. También si vienen amigos.
Las montañas son buenas para el hombre por eso las cantamos.
Y cantamos las mesetas, pero las cantamos en la choza
porque nosotros no hemos visto mesetas
      esas montañas planas en la cumbre
pero nos han dicho que nuestros padres veían muchas mesetas
y recordamos lo que vieron allá lejos, en sus viajes.
Y cantamos a la aurora cuando sale del oriente
y toda la vida se renueva
(esto es muy misterioso, les estoy hablando
      de algo muy sagrado)
Cantamos al lucero de la mañana
el lucero es como un hombre y está pintado de rojo
      el color de la vida.
Cantamos cuando se despiertan los animales
y salen de sus escondites donde estaban dormidos.
La venada sale primero, seguida de su venadito.
Cantamos cuando entra el sol en la puerta de la choza
y cuando llega al borde del tragaluz en el centro de la choza
y después en la tarde cuando ya no hay sol en la choza
y está en el borde de las montañas que son como la pared
de una gran choza redonda donde viven los pueblos.
Cantamos en la noche cuando vienen los sueños.
Porque las visiones nos visitan más fácilmente de noche.

Viajan más fácilmente por la tierra dormida.
Se acercan a la choza y se paran en la puerta
y después entran en la choza, llenándola toda.
Si no fuera verdad que vinieran esos sueños
hace tiempo que habríamos abandonado los cantos.
Y cantamos en la noche cuando salen las Pléyades.
Las siete estrellas están siempre juntas
y orientan al que está perdido, lejos de su aldea
(y enseñan a los hombres a estar unidos como ellas).
Tirawa es el padre de todos nuestros sueños
y prolonga nuestra tribu a través de los hijos.
Con el agua azul pintamos el signo de Tirawa
(un arco y en su centro una recta que baja)
en el rostro de un niño.
        El arco en la frente y las mejillas
            y la línea recta, en la nariz.
(el arco es la comba azul donde vive Tirawa
y la línea recta su aliento que baja y nos da vida).
El rostro del niño representa la nueva generación
y el agua de río es el pasar de las generaciones
y la tierra azul que mezclamos es el cielo de Tirawa
(y el dibujo azul así trazado es el rostro de Tirawa).
Después hacemos al niño mirar agua de río
y él al mirar el agua ve también su propia imagen
como viendo en su rostro sus hijos y los hijos de sus hijos
pero está viendo también el rostro azul de Tirawa

retratado en su rostro y en las futuras generaciones.
Nuestra choza les dije tiene forma de nido
y si suben a una montaña y miran alrededor
verán que el cielo rodea toda la tierra
y la tierra es redonda y tiene forma de nido
para que todas las tribus vivan juntas y unidas.
La tormenta puede botar el nido del águila
pero el nido de la oropéndola sólo se mece en el viento
   y no le pasa nada."

Tahirassawichi, supongo, para el Departamento de Estado
    no ha dicho nada.

Oráculos de Tikal (de un Ah Kin de Ku)

Lo que dicen las sagradas pinturas y los signos
        que los Ah Kines, Sacerdotes-del-culto-solar
vieron en las piedras enhiestas, las estelas de los katunes
las profecías de los grandes sabios, los grandes Ah Kines:
        el fin de la codicia y el robo
      el katún en que coman en común
cuando cambie el katún, cuando cambie el Sistema
        perderán el Poder y la Banca
            se pudrirán sus flechas
despojados serán los Jaguares de sus manchas
      de sus uñas
perdidos serán entonces los Batabes (Oligarquía) Los-del-hacha
      advenedizos
             se les quitará su Jícara
ahora llora Ku, Deidad
        hemos bebido espanto como pozole
se desplomaron con su carga todos
      Y desde hace tantos tunes
        tantos tunes
            no se leen los Libros.

El tiempo en que se secan los cenotes
Es noche en el Petén
            el lugar de las enormes piedras labradas, recostadas
habla y habla Ah Maax Cal, El-Mono-vocinglero
            ...y en los ojos de los indios una tristeza delicada
sin electricidad en su noche
                    —Electricidad en los güevos
            tirados como venados
larga es la sombra de los cuarteles de Mayapán
Coroneles, Generales:
                estamos colmados de su lascivo semen
Los torturadores encapuchados
                los violadores de Doris.
            Pusieron en nuestras caras la máscara que llora
                    rebosantes de amargura nuestras jícaras
        ...despótico su imperio
                            Generación de Monos
intervención
                        Han castrado el sol.
El Presidente con el pedernal del sacrificio
Mayapán de las Víctimas-Venados
Ay, viene el Mayor armado con alambres eléctricos
Y Monseñor no ha visto ninguna herida
no ha visto nada
Nuestro textos están sólo en los palos, los animales
            (por eso los desprecian)

208

—Los discursos de Ah Maax Cal, El-Mono-vocinglero
                 Gran podredumbre
y cielos entristecidos
Ubico, Carías, los Somozas
              Cuánto habremos de dar para saciarlos?
Ubico nos puso a trabajar gratis en las carreteras.
          Perdido el signo jeroglífico
                y perdida la enseñanza detrás de él
Los Batabes, Los-del-hacha (Oligarquía), granizo de la tierra
      Los-del-hacha.
                Antes andábamos erguidos
Los dominadores extranjeros, los
                del vestido de fiesta
      mamadores
             los animales-gente
el general gran mamador adúltero
palabras que digo llorando, yo, Chilam Balam
           intérprete de Ku
Sus parrandas y desorden serán manifiestos
pero cuando terminen:
         diferente será lo que se manifieste a la juventud
en los jeroglíficos de la noche y en los del día.
Como ves esa estrella en la tarde sobre tu choza
así iluminará tu vida la revolución.
El pueblo saldrá de sus selvas espesas, de sus pedregales
         Esto es lo que contempla el ayunador

...cuando se alivie la miseria
recordadas serán mis palabras
Lo aprendido en las noches de Tikal, Lugar-de-encierro
Será el tiempo del amanecer y del permanecer alertas
el cambio del plato, el cambio del gobierno
y saldrán a decir su enseñanza de las selvas espesas
de los pedregales
esto podrá suceder
podrá no suceder
El pueblo tomará posesión del Gobierno, del Banco
(al venir otra palabra)
quitaremos al Titular sus pezuñas, sus colmillos
ya no entregaréis al Casino vuestras doncellas
ya no nos llamarán los extranjeros "La Tierra del Venado"
Tierra-de-muy-buenos-venados
pobre venadito huérfano que lame toda mano!
Cuando las Zarigüeyas-ratones se devoren entre sí
el tiempo en que se desgarren los Jaguares rojos
unos a otros se desgarren
El pueblo se sentará a comer
Arrebatará sus jícaras, sus platos
vendrá otra palabra, otra enseñanza
salida de los pozos profundos, de las grutas
Se vestirán otra vez con sus vestidos blancos.
Atrás quedarán los Señores Estériles
esto dicen las pinturas de los muros

será entonces el amanecer
la caída de Ah Chac Chibal, El-Gran-Devorador-de-Carne
la tierra ya no le abrirá sus piernas a los gángsters
            a los invasores
Esto será el mero final de los mamadores
                en la costa del mar nos mofaremos
del maligno Xooc, Tiburón
        croarán las ranas Uo al mediodía en sus pozas
vendrá nueva sabiduría, nueva palabra
        y patente estará el rostro de Ku, Deidad
cuando venga el cambio de poder
y se cambien también los Ah Kines, Sacerdotes-del-culto-solar
las muchachas cantarán en los cenotes en las noches de luna
llamando a los amados idos, y volverán los amados
y podrán hablarse unos a otros los Ah Kines
            Sacerdotes-del-culto-solar
y se escucharán los Chilanes
                con sus ocarinas
                volverá la música
sonarán las sonajas en el cielo del Petén
        puede que suceda, puede que no suceda

                —"El que guarda en su seno el Libro".
Vengo de muy lejos, de Tikal, Lugar-de-encierro
        Las piedras labradas que están en el corazón del Petén.
El Quetzal abrirá sus alas en el cielo de Guatemala

Yaax Imiche, Ceiba-verde, reverdecerá de nuevo
así
lo leyó el Ah Kin Chilam Balam en la rueda de los katunes
eso fue lo que dedujo de los signos pintados en el libro
según la explicación que dan los signos pintados
según aparece en los signos de los libros
        así dijo el intérprete de la escritura sagrada
        profeta de los pozos profundos, de las grutas.
Esto se entenderá si hubiere un Ah Kin con alma íntegra y santa.

Coplas a la muerte de Merton

Nuestras vidas son los ríos
que van a dar a la muerte
que es la vida
Tu muerte más bien divertida Merton
                  (o absurda como un koan?)
tu muerte marca General Electric
y el cadáver a USA en un avión del Army
       con el humor tan tuyo te habrás reído
vos Merton ya sin cadáver muerto de risa
también yo
Los iniciados de Dionisos ponían hiedra...
        (yo no la conocía):
Hoy tecleo con alegría esta palabra muerte
Morir no es como el choque de un auto o
                  como un corto-circuito
    nos hemos ido muriendo toda la vida
Contenida en nuestra vida
       ¿como el gusano en la manzana? no
como el gusano sino
la madurez!

O como mangos en este verano de Solentiname
amarillando, esperando las
oropéndolas...
                            los hors d'oeuvres
nunca fueron en los restaurantes
como anunciados en las revistas
ni el verso fue tan bueno como quisimos
o el beso.
Hemos deseado siempre más allá de lo deseado
Somos Somozas deseando más y más haciendas
            More More More
y no sólo más, también algo "diferente"
        Las bodas del deseo
el coito de la volición perfecta es el acto
de la muerte.   •
                Andamos entre las cosas con el aire
de haber perdido un cartapacio
muy importante.
                    Subimos los ascensores y bajamos.
Entramos a los supermercados, a las tiendas
como toda la gente, buscando un producto
trascendente.
                    Vivimos como en espera de una cita
infinita. O
                    que nos llame al teléfono

lo Inefable.

Y estamos solos
trigos inmortales que no mueren, estamos solos.
Soñamos en perezosas sobre cubierta
            contemplando el mar color de daikirí
esperando que alguien pase y nos sonría y
diga Hello

No el sueño sino la lucidez.
        Vamos en medio del tráfico como sonámbulos
                pasamos los semáforos
con los ojos abiertos y dormidos
paladeamos un manhattan como dormidos.
No el sueño
la lucidez es imagen de la muerte
            de la iluminación, el resplandor
enceguecedor de la muerte.
Y no es el reino del Olvido. La memoria
        es la secretaria del olvido.
            Maneja en archivadoras el pasado.
Pero cuando no hay más futuro sino sólo un presente fijo
todo lo vivido, revive, ya no como recuerdos
y se revela la realidad toda entera
en un flash.

La poesía también era un partir
como la muerte. Tenía

la tristeza de los trenes y los aviones que se van
                    Estacioncita de Brenes
                    en Cordobita la Llana
                    de noche pasan los trenes
el cante jondo al fondo de Granada
En toda belleza, una tristeza
y añoranza como en un país extraño
                    MAKE IT NEW
            (un nuevo cielo y una nueva tierra)
pero después de esa lucidez
volvés otra vez a los clichés, los
slogans.
Sólo en los momentos en que no somos prácticos
concentrados en lo Inútil,   Idos
se nos abre el mundo.
La muerte es el acto de la distracción total
también: Contemplación.

El amor, el amor sobre todo, un anticipo
de la muerte
            Había en los besos un sabor a muerte
                    ser
                        es ser
                            en otro ser
            sólo somos al amar
218   Pero en esta vida sólo amamos unos ratos

y débilmente
         Sólo amamos o somos al dejar de ser
al morir
            desnudez de todo el ser para hacer el amor
                     make love not war
               que van a dar al amor
               que es la vida

la ciudad bajada del cielo que no es Atlantic City—
         Y el Más Allá no es un American Way of Life
                  Jubilación en Flórida
o como un Week-end sin fin.
La muerte es una puerta abierta
al universo
               No hay letrero NO EXIT
y a nosotros mismos
                        (viajar
        a nosotros mismos
                  no a Tokio, Bangkok
                           es el appeal
            stewardess en kimono, la cuisine
Continental
es el appeal de esos anuncios de Japan Air Lines)
      Una Noche Nupcial, decía Novalis
No es una película de horror de Boris Karloff
Y natural, como la caída de las manzanas

por la ley que atrae a los astros y a los amantes
—No hay accidentes
                    una más caída del gran Árbol
sos una manzana más
Tom
                                            .
                        Dejamos el cuerpo como se deja
                        el cuarto de un motel
Pero no sos el Hombre Invisible de Wells
                O como fantasma de chalet abandonado
                        No necesitamos Mediums.
Y los niños muy bien saben que NO existe
que somos inmortales
¿Pues puede el napalm matar la vida?
                ¿De la cámara de gas a la nada?
        ¿O son los Evangelios science-fiction?
Jesús entró en el cuarto y sacó las plañideras
        Por eso çantan los çisnes dijo Sócrates poco
antes de morir
                        Ven, Caddo, todos vamos arriba
                        a la gran Aldea (*bis*)
—Hacia donde van todos los buses y los aviones
                Y no como a un fin
                sino al Infinito
                volamos a la vida con la velocidad de la luz
Y como el feto rompe la bolsa amniótica...
O como cosmonautas...

                                    —la salida
                                de la crisálida
                Y es un happening
el clímax
de la vida

                                    dies natalis
                esta vida pre-natal...
Dejada la matriz de la materia
                                Un absurdo no:
                                sino un misterio
puerta abierta al universo
y no al vacío
                    (como la de un ascensor que no estaba)
Y ya definitivos.
                    ...igual que el despertar una mañana
                    a la voz de una enfermera en un hospital
Y ya nada tenemos sino sólo somos
            sino que sólo somos y somos sólo ser
                            La voz del amado que habla
                            amada mía quítate ese bra
La puerta abierta
que nadie podrá cerrar ya
                        —"Dios que nos mandó vivir"
aunque anhelamos el retorno a
            asociaciones atómicas, a
                la inconsciencia.

Y las bombas cada vez más grandes.
Necrofilia: el flirteo con la muerte. La pasión por lo muerto
            (cadáveres, máquinas, dinero, heces)
y si sueñan con una mujer es en la imagen
de un automóvil
        La irresistible fascinación de lo inorgánico
            Hitler fue visto en la I Guerra
            arrobado ante un cadáver
            sin quererse mover
(militares o maquinas, monedas, mierda)
Cámaras de gas en el día y Wagner por la noche
"5 millones" dijo Eichmann (aunque tal vez 6)
O bien queremos maquillar la muerte
Los Seres Queridos (no diga muertos)
maquillados, manicurados y sonrientes
en el Jardín de Reposo de los Prados Susurrantes
            cf. THE AMERICAN WAY OF DEATH
        1 martini o 2 para olvidar su rostro
relax & ver tv
            el placer de manejar un Porsche
                (any line you choose)
tal vez esperar la resurrección congelados
en nitrógeno líquido a -197°
        (almacenados como el grano que no muere)
hasta el día en que la inmortalidad sea barata
222   después del café, Benedictine

un traje sport para ser jóvenes, para alejar la muerte
mientras nos inventan el suero de la juventud
                    el antídoto
para no morir.
Como el cow-boy bueno de las películas, que no muere.
              Buscando en Miami la Fuente Florida.
Tras los placeres anunciados en las Islas Vírgenes.
O en el yate de Onassis por el Leteo...

No quisiste ser de los hombres con un Nombre
y un rostro que todos reconocen en las fotos
de los tabloides
tu desierto que floreció como el lirio no fue el
de Paradise Valley Hotel
                    con cocteles en la piscina
bajo las palmeras
ni fueron tus soledades las de Lost Island
        los cocos curvados sobre el mar
LOVE? It's in the movies
              las irrupciones de la eternidad
              fueron breves
—Los que no hemos creído los Advertisements de este mundo
            cena para 2, "je t'adore"
                        How to say love in Italian?
Me dijiste: el
              evangelio no menciona contemplación.

Sin LSD
sino el horror de Dios (o
                     traducimos mejor por terror?)
                Su amor como la radiación que mata sin tocarnos
y un vacío mayor que el Macrocosmos!
              En tu meditación no veías más visión
              que el avión comercial de Miami a Chicago
              y el avión de la SAC con la Bomba dentro
                 los días en que me escribías:
My life is one of deepening contradiction and frequent darkness
Tu Trip? tan poco interesante
    el viaje a vastas soledades y extensiones de nada
todo como de yeso
                      blanco y negro, with no color
y mirar la bola luminosa azul y rosa como ágata
con Navidad en Broadway y cópulas y canciones
rielando en las olas del polvoriento Mar de la Tranquilidad
o el Mar de la Crisis muerto hasta el horizonte. Y
como la bolita rutilante de un Christmas-tree...

        El Tiempo? is money
es *Time,* es pendejada, es nada
          es *Time,* y una celebridad en la portada

Y aquel anuncio de leche Borden's bajo la lluvia
hace años en Columbia, encendiéndose

y apagándose, tan fugaces encendidas
                y los besos en el cine
las películas y las estrellas de cine
tan fugaces
                GONE WITH THE WIND
aunque rían todavía bellas luminosas en la pantalla
las estrellas difuntas
                el carro falla, la refrigeradora
va a ser reparada
                        Ella de amarillo mantequilla
                        anaranjado mermelada y rojo fresa
como en un anuncio del New Yorker en el recuerdo
y el lipstick ya borrado de unos besos
adioses a ventanillas de aviones que volaron
                                al olvido
shampoos de muchachas más lejanas que la Luna
o que Venus
    Unos ojos más valiosos que el Stock Exchange
El Día de la Inauguración de Nixon ya pasó
se disolvió la última imagen en la televisión
y barrieron Washington
El Tiempo Alfonso el Tiempo? Is money, mierda, shit
el tiempo es New York Times y Time
        —Y hallé todas las cosas como Coca-Colas...

        Proteínas y ácidos nucleicos

"los hermosos números de sus formas"
proteínas y ácidos nucleicos
                  los cuerpos son al tacto como gas
la belleza, como gas amargo
lacrimógeno
            Porque pasa la película de este mundo. . .
                        como coca-colas
        o cópulas for
        that matter
Las células son efímeras como flores
                  mas no la vida
    protoplasmas cromosomas mas
no la vida
        Viviremos otra vez cantaban los comanches
        nuestras vidas son los ríos
        que van a dar a la vida
ahora sólo vemos como en tv
después veremos cara a cara
            Toda percepción ensayo de la muerte
                  amada es el tiempo de la poda
        Serán dados todos los besos que no pudisteis dar
              están en flor los granados
todo amor rehearsal de la muerte
            So we fear beauty
Cuando Li Chi fue raptada por el duque de Chin
lloró hasta empapar sus ropas

pero en el palacio se arrepintió
de haber llorado.
       Va doblando la punta el San Juan de la +
            pasan
            unos patos
                  "las ínsulas extrañas"
o *gana* decía San Juan de la Cruz
infinita gana—
           rompe la tela de este dulce encuentro
y los tracios lloraban sus nacimientos cuenta Herodoto
y cantaban sus muertes
—Fue en Adviento cuando en Gethsemani los manzanos
junto al invernadero, están en esqueleto
con florescencia de hielo blanco como los
de las congeladoras.
Yo no lo creo me dijo Alfonso en el Manicomio
cuando le conté que Pallais había muerto
yo creo que es cuestión política o
cosa así.
¿Entierran todavía con ellos un camello
para el viaje? ¿Y en las Fiji
las armas de dientes de ballena?
La risa de los hombres ante un chiste es prueba de que creen
en la resurrección
         o cuando un niño llora en la noche extraña
y la mamá lo calma

La Evolución es hacia más vida
                    y es irreversible
e incompatible con la hipótesis
de la nada
Yvy Mara ey
fueron en migraciones buscándola hasta el interior del Brasil
("la tierra donde no se moría")
        Como mangos en este verano de Solentiname
madurando
mientras está allá encapuchado de nieve el noviciado.
                    Pasan las oropéndolas
                a la Isla La Venada donde duermen
me decías
It is easy for us to approach Him
Estamos extraños en el cosmos como turistas
                        no tenemos casa aquí sólo hoteles
Como turistas gringos
                            everywhere
aprisa con su cámara apenas conociendo
                Y como se deja el cuarto de un motel
                    YANKI GO HOME
Muere una tarde más sobre Solentiname
Tom
                            resplandecen estas aguas sagradas
y poco a poco se apagan
es hora de encender la Coleman

                 todo gozo es unión
          dolor estar sin los otros:
                     ·   Western Union
El cablegrama del Abad de Gethsemani era amarillo
          WE REGRET TO INFORM YOU etc.............
yo sólo dije
o. k.
                          Donde los muertos se unen y
                               son con el cosmos
                                         uno
          porque es "mucho mejor" (Fil. 1, 23)
Y como la luna muere y renace de nuevo...
               la muerte es unión y
                    ya se es uno mismo
                         se une uno con el mundo
la muerte es mucho mejor
los malinches en flor esta noche, esparciendo su vida
               (su renuncia es flor roja)
la muerte es unión
               1/2 luna sobre Solentiname
               con 3 hombres
uno no muere solo   ·
               (su Gran Choza de Reunión) los ojibwas
y el mundo es mucho más profundo
Donde los algonquinos espíritus con mocasines espíritus
cazan castores espíritus sobre una nieve espíritu

                                                              229

creímos que la luna estaba lejos
morir no es salir del mundo es
hundirse en él
estás en la clandestinidad del universo
       el underground
fuera del Establishment de este mundo, del espacio tiempo
sin Johnson ni Nixon
       allí no hay tigres
                      dicen los malayos
(una Isla del oeste)
                  que van a dar a la mar
                  que es la vida
Donde los muertos se juntan oh Netzahuaicóyotl
o 'Corazón del Mundo'
        Hemingway, Raissa, Barth, Alfonso Cortés
el mundo es mucho más profundo
                Hades, donde Xto bajó
                   seno, vientre (Mt. 12, 40)
                          SIGN OF JONAS
        las profundidades de la belleza visible
donde nada la gran ballena cósmica
llena de profetas
               Todos los besos que no pudisteis dar serán dados
Se transforma.
...''como uno estuvo enterrado en el seno de su madre...''

a Keeler un cacique cuna

La vida no termina se transforma
      otro estado intra-uterino dicen los koguis
por eso los entierran en hamacas
en posición fetal
                    —una antigua doctrina, dijo Platón
de que hay allá en el Hades
                    gente llegada de aquí. . .
Beziers, y la catedral vista desde el tren
            Nada de lo añorado se ha perdido
                    el olor del Midi
la torre roja de Saint Jacques junto al Tarn
las luces blancas y verdes de París, y las de la Eiffel:
                    C-I-T-R-O-E-N
Lax ha andado con los circos
                    y sabe lo que es eso
      la quitada de la tienda a la luz de las lámparas
la dejada del solar vacío
y el viaje en camión de noche hacia otra ciudad
Y cuando murió la esposa de Chuang Tzu
Chuang Tzu no hizo luto
      Hui Tzu lo encontró cantando y bailando con
la paila de arroz como tambor
            la hamaca es la placenta, la cuerda
de la hamaca el cordón umbilical
            "tus dolores de cabeza no te hacen mal"
            semilla-planta-semilla

la dialéctica de la destrucción
digo
la del trigo. Vivir
es para morir y darnos esparciendo vida
Hasta que entre con máscara y guantes blancos
el agente
de qué Siglas no sabemos
Y entregarnos a la muerte con amor
Y
si las estrellas no mueren
permanecen solas
si no vuelven al polvo cósmico las estrellas
semilla, planta, semilla
la muerte es unión
no en Junction City
O como también dicen los cunas
'queremos comer un día una buena comida'
Y clamamos por la entrega del amado
Y lo que decía el abad Hesiquio: es
(el pensamiento frecuente de la muerte) 'como
cuando en el mar sereno juegan los peces
y los delfines saltan de alegría'
Y, como la luna muere...
Están en una isla, dijeron en Haití
a Colón, están todos en una isla
comiendo mameyes de noche

—O la isla *Boluto,* al oeste de Tonga
feliz y llena de flores y frutas-de-pan espirituales
"parece que electrocutado"

                          me escribe Laughlin
"pero al menos fue rápida"

                        rompida la tela
que divide el alma y Dios... Y:
...porque el amor apetece que el acto sea brevísimo...
      van allí a entrar
      los ríos del amor del alma en la mar
llegó bella como Joan Baez en su automóvil negro
Te reías de los anuncios del New Yorker
      pues está éste de Pan Am
    **Ticket to Japan
                 To Bangkok
                      To Singapore
           All the way to the mysteries**
Un tiquete para la contemplación?
      Un tiquete para la contemplación.
                    Y la muerte.

      All the way to the mysteries
Los anuncios comerciales son
manuales de meditación, dice Corita
                Sister Corita
y anuncios de algo más. No tomarlos
textualmente.

La muerte biológica es cuestión política
o cosa así
   General Electric, la parca
    un jet de Viet Nam para el cadáver
pero después de este invierno, por Pascua
o por Pentecostés
oirás los tractores trapenses junto a tu cementerio
trapenses pero ruidosos, revolviendo la tierra
Para sembrar, nuevos mayas, el antiguo maíz.
  —la época de la resurrección de los Caterpillars
     y de las cigarras
Como el banano que para dar fruto muere dicen los hawaianos.
    Estabas todo vacío
      y dado todo el amor no tenías
ya nada que dar
      Y listo para ir a Bangkok
Para entrar al comienzo de lo nuevo
aceptar la muerte de lo viejo
     Nuestras vidas
      que van a dar a la vida
la ventanilla del gran jet lloraba
     al despegar de California
   de alegría!
Al fin viniste a Solentiname (que no era practical)
 después del Dalai Lama, y el Himalaya con sus buses
234 pintados como dragones

a las "ínsulas extrañas"; estás aquí
con tus silenciosos Tzus y Fus
Kung Tzu, Lao Tzu, Meng Tzu, Tu Fu y Nicanor Parra
y en todas partes; tan sencillo comunicarse con vos
como con Dios (o tan difícil)
          como todo el cosmos en una gota de rocío
esta mañana en el camino a la letrina
Elías arrebatado por el carro de energías cósmicas
          y en la tribu de Papua cuando vieron el telégrafo
          hicieron un modelo chiquito
          para hablar con los muertos
los celtas prestaban plata dice Valerio Máximo
para que en ultratumba se pagara.

          Los besos todos dados o no dados.
Por eso cantan los cisnes dijo Sócrates
en tu pecho el abanico todavía
dando vueltas
          Sólo amamos o somos al morir.
     El gran acto final de dar todo el ser.
o. k.

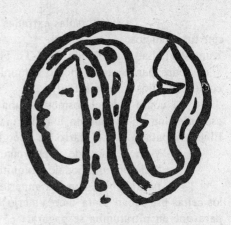

Las campesinas del Cuá

Voy a hablarles ahora de los gritos del Cuá
　　　　　gritos de mujeres como de parto
María Venancia de 90 años, sorda, casi cadáver
　　　grita a los guardias no he visto muchachos
la Amanda Aguilar de 50 años
　　　　　　con sus hijitas Petrona y Erlinda
　　　　　　no he visto muchachos
como de parto
—Tres meses presas en un cuartel de montaña—
Ángela García de 25 y siete menores
　　　La Cándida de 16 años amamanta una niñita
　　　　　muy diminuta y desnutrida
Muchos han oído estos gritos del Cuá
　　　　　gemidos de la Patria como de parto
Al salir de la cárcel Estéban García con cuatro
　　　menores
dio a luz. Tuvo que regalar sus hijos
　　　a un finquero. Emelinda Hernández de 16

las mejillas brillantes de llanto
las trenzas mojadas de llanto...
Capturadas en Tazua cuando venían de Waslala
la milpa en flor y ya grandes los quiquisques
las patrullas entraban y salían con presos
A Esteban lo montaron en el helicóptero
y al poco rato regresaron sin él...
A Juan Hernández lo sacó la patrulla
una noche, y no regresó más
Otra noche sacaron a Saturnino
y no lo volvimos a ver... a Chico González
también se lo llevaron
esto casi cada noche
a la hora en que cantan las cocorocas
con gente que no conocimos también
La Matilde abortó sentada
cuando toda una noche nos preguntaban por los
guerrilleros
A la Cándida la llamó un guardia
vení lavame este pantalón
pero era para otra cosa
(Somoza sonreía en un retrato como un anuncio
de Alka-Seltzer)
Llegaron otros peores en un camión militar
A los tres días que salieron parió la Cándida
Ésta es la historia de los gritos del Cuá

triste como el canto de las cocorocas
la historia que cuentan las campesinas del Cuá
        que cuentan llorando
como entreviendo tras la neblina de las lágrimas
    una cárcel
        y sobre ella un helicóptero

    "Nosotras no sabemos de ellos"
Pero sí han visto
                        sus sueños son subversivos
barbudos, borrosos en la niebla
    rápidos
            pasando un arroyo
ocultos en la milpa
            apuntando
    (como pumas)
    saliendo de los pajonales!
pijeando a los guardias
                        viniendo al ranchito
        (sucios y gloriosos)
    la Cándida, la Amanda, la Emelinda
en sueños muchas noches
                        —con sus mochilas—
        subiendo una montaña
        con cantos de dichoso-fui
la María Venancia de 90 años

los ven de noche en sueños
en extrañas montañas
muchas noches
a los muchachos.

240

Viaje a Nueva York

Me parecía estar esa tarde aún en mi isla de Solentiname
y no asomado a una ventanilla sobre la bahía de Nueva York,
Barcos abajo moviéndose apenas, el avión también lento
   El aeropuerto Kennedy congestionado a esa hora
teníamos que dar vueltas una hora alrededor de Nueva York
¿Qué milagro me ha puesto sobre Manhattan este atardecer
girando alrededor de los rascacielos coloreados de arreboles?
Del asiento de al lado (vacío) he tomado un *New Yorker*
"Washington esta semana despertó de un sopor —Watergate."
El Senador Fulbright teme que caigan en un sistema totalitario.
Ladies and Gentlemen: el aeropuerto Kennedy sigue congestionado
inclinándome sobre la ventanilla el agua de la bahía de Nueva York
   el avión como anclado a una nube, no se mueve
Anuncio de una isla —piscina tennis cottages water sports
   The Island Company Ltd., 375 Park Avenue
Caricatura de hombre obeso con periódico diciendo a su esposa
"Tanto luchar y el Times me llama sólo *supuesto* jefe de la Mafia"
Ladies and Gentlemen... ahora hemos sido cogidos por el radar y
vamos directamente al aeropuerto Kennedy en aterrizaje automático
fábricas, trenes, casitas suburbanas iguales, autos de juguete
y ya en la pista. Con cien aviones más, como tiburones.

Me esperaba Gerard, de barba y joven, el que me trajo
milagrosamente a Nueva York, prefiere que lo llame Tony
vamos en su viejo carro hacia New York, ríos de carros
me llamó a la colecta para los damnificados de Managua
sin tener quién pagase el pasaje, dice,
      Ya lo consiguió, Dios todo lo arregla. Trabaja
con los huérfanos, drogadictos, puertorriqueños pobres
andaba en un ghetto y se le ocurrió una colecta por Managua
no tenía local, fracasó en Columbia, mirando al cielo
vio la catedral episcopal de St. John The Divine, entró
            y el obispo le dijo "¿Por qué no?"
      Presos de Nueva York dieron cuadros pintados por ellos
      indios pieles-rojas también donaron tejidos y cerámica
más ríos de carros trenes camiones, las supercarreteras se cruzan
            es católico me dice y también zen
antes trabajó en la catedral de S. Patricio, no pudo seguir allí
      el cardenal actual peor que Spellman
en la carretera levantan mensajes gasolineras drive-ins moteles
      un cementerio de automóviles melancólico en el crepúsculo
unos hippies han acampado en el monasterio de Gethsemani, dice
muchachos y muchachas, el abad lo permitió
los monasterios de Estados Unidos se están quedando vacíos
los jóvenes prefieren pequeñas comunas. Le cuento
que Merton me decía que desaparecerían esas órdenes
y quedarían sólo pequeñas comunas
            el cielo smog y anuncios

moles rectangulares entre el humo
y los contemplativos tienen casi todos dice Tony una mentalidad
burguesa   middle-class
Indiferentes a la cuestión de la guerra. Y a la Revolución.
        LIQUORS — DRUG-STORE
"¿Ve muy cambiado Nueva York?"
Yo estuve aquí hace 23 años. Le digo: "Está lo mismo".
    Las filas de semáforos rojos y verdes
    y las luces de los taxis y los buses.
        "Madison Avenue" dice Tony. Y riendo:
"Es curioso: Ernesto Cardenal en Madison Avenue". Y miro
el hondo cañón, el profundo desfiladero de edificios
donde se esconden detrás de sus vidrios *the hidden persuaders*
    venden automóviles de Felicidad, Consuelo en lata (a 30 cts)
        The Coca Cola Company
atravesamos el cañón de vidrios y Billones de Dólares.
"Por siglos no comieron carne; ahora que muchos somos vegetarianos
ellos comen carne" dice. Desde una bocacalle el Empire State
    (su base apenas). En las entrañas del Imperialismo.
"Vienen monjes famosos a dar conferencias de ascetismo y
    se hospedan en hoteles lujosos" Y ya en el West Side
        Cafetería — Delicatessen — Dry Cleaning
Llegamos al apartamento de Napoleón, 50 y 10a Ave.
En la acera, teen-agers, blue-jeans y ojos azules
en torno a bicicletas, o sentados en las gradas.
El timbre no funciona pero Napoleón y Jacquie nos esperaban.

Napoleón Chow de ascendencia china y nicaragüense
Y Jacquie es antropóloga especializada en Turquía.
El apartamentito monástico; pero con tapices persas.
Llamo a Laughlin a su casa de Connecticut.
Sorprendido: "¿Qué diablos estoy haciendo yo en Nueva York?"
Ríe desde Connecticut. Vendrá el sábado para que nos veamos,
en su casa del Village.
Napoleón y Jacquie hacen yoga. Muchos días ayunan
totalmente, otros cocinan muy bien, comida

      china, turca, nicaragüense.

("el alimento como alegría; sacramento")
Hay una gata de Angora que caga como gente en el inodoro.

Martes por la noche, la catedral St. John The Divine
Calle 110, abrió sus puertas de bronce a la exhibición
   leo mi ORÁCULO SOBRE MANAGUA (lo del Terremoto)
entre cuadros de presos, cerámicas de los pieles-rojas.
Ora un rabino, luengas barbas: "La culpabilidad nuestra
en esas tragedias..." y el Deán de la Catedral: "Nuestro Sistema
Señor, que agrava esas catástrofes..." (Y pienso: Los Somoza

      un terremoto de 40 años). Brother David

benedictino: "Y es en Nueva York Señor quién iba a decirlo
donde nos congregas de diversos países y religiones
para orar por Managua, y meditar

      cuánto aquí debiera ser destruido"

Dorothy Day enferma, no pudo venir.

María José, y Clemencia, bellas nicaragüenses (yo conocí a su padre)
me preguntan cómo quedaron esas calles (lo conocí una vez
aquella noche de abril
                    que íbamos a asaltar la Casa Presidencial—
Chema, fue torturado y asesinado)
Sólo les digo: "Yo conocí a su padre"
En el coro, slides (los colores radiantes) de los Escombros.
Corita (ex-sister Corita) dio 6 cuadros para Managua.
        Daniel Berrigan me espera mañana

Central Park (up town): Y me digo: por allí están los cisnes.
Recuerdo mi Liana, y los cisnes.
Se casó. Los cisnes estarán todavía.
Louis, una vez, queriendo atrapar un cisne, un día de hambre.
Volví a ver otra vez las gentes en las calles hablando solas.
        "The Lonely Crowd".
Con Napoleón y Jacquie en Times Square, nada que ver
y por la calle 48 entre los cines pornográficos titilantes.
        Una tienda vacía, 2 policías tomando notas
        la vitrina añicos, y nadie mira (en Broadway)

Con Daniel Berrigan en el Thomas Merton Center
Daniel (Dan) de blue-jean y sandalias como yo, su pelo
        'el de un granuja de la calle después de un pleito'
y la sonrisa con que salió en las fotos cuando fue capturado
por el FBI (jubiloso entre los policías sombríos del FBI)

había leído mis Salmos en la prisión.
Y también está Jim Forest (pacifista) con gran bigote,
más joven de lo que yo pensaba. Me escribió una vez
Me decía que Merton le dio un Cristo que yo hice en la trapa.
    Viene de Washington, de una marcha de protesta
desde el edificio del Watergate al Departamento de Justicia.
Y Berrigan sentado sobre un escritorio, la cara afilada
sobre una rodilla, y el pelo ralo en la cara. Apenas se repone
de la cárcel, me dicen. Y una muchacha:
    "Las torturas que *se supone* no hay en Estados Unidos"
Éste es un grupo de contemplativos y resistentes, dice Berrigan.
    Reunidos una noche en un convento de Harlem
    se les ocurrió fundar este Merton Center.
Estudian el misticismo de diversas religiones
                                también de los pieles-rojas.
"Merton sufrió horrores en el monasterio" dice Dan
    y todos lo sabemos. Y Jim recuerda
cuando le prohibieron escribir contra la guerra nuclear
porque no era tema monástico.
Dan: "Me dijo que no volvería a ser monje otra vez
pero que siéndolo ya, lo seguiría siendo".
"Iba a llegar a Solentiname después del Asia, ¿no?" Dice Jim.
    Y Dan: "¿Y está seguro que no está?"
Y también Dan:
"Es una terrible droga que aquí tenemos: la 'Contemplación'

246 Meditan. Sin pensar para nada en la guerra. Sin pensar

para nada en la guerra. No se puede estar con Dios y ser neutral.
La verdadera contemplación es resistencia. Y la poesía,
mirar las nubes es resistencia, descubrí en la cárcel".
Le digo que vaya a Cuba, y él: aún está con libertad condicional.
    Le digo también: "En América Latina
estamos integrando el cristianismo con el marxismo".
Y él: "Lo sé. Aquí no.
        Aquí es el cristianismo con el budismo.
Jim, ya todos somos budistas ¿no?
¿No hay budismo en América Latina?"
                                "No".
Mañana festejan en el Merton Center
el matrimonio de su hermano Philip el otro sacerdote,
y la ex-monja Elizabeth McAlister —y nos invita.
Philip echó sangre en Maryland sobre los archivos de reclutamiento
después Philip y Daniel quemaron los archivos en Catonsville
con napalm de fabricación casera (jabón en polvo con gasolina)
Y Jim quemó también con napalm los archivos en Milwaukee
        (y están recién salidos de la cárcel)
Merton se dice también pensó una vez una acción semejante
    Hay una muchacha ayunando por el bombardeo de Cambodia.
        En la pared un poema de Berrigan sobre Vietnam
        en grandes hojas juntadas como un mural.
Al irme Dan me da un gran pan
un gran pan redondo, hornado allí, de puro trigo.

Con Napoleón y Jacquie al cine por una película cubana
MEMORIAS DEL SUBDESARROLLO
            no idealizan la Revolución
un trozo documental —un encuentro de escritores—
   Y creo ver a Roque Dalton en el documental
Fidel en un discurso (y parte del teatro aplaude a Fidel).
    Montón de gente en la acera venía de etiqueta: la Ópera.
      A Tony su abuelo aristócrata italiano
      le dejó una quinta en las afueras de Roma.
Irá a regalarla a alguien. No quiere propiedades.
Y Tony ha dicho: "Holly Communion..." (sus ojos en ascuas)
"La Comunión es mi mayor unión con los hombres cada día
la Comunión para mí es lo más revolucionario del mundo"

Philip Berrigan y Elizabeth McAlister
acusados por el FBI de querer secuestrar a Kissinger.—
    Festejo del matrimonio en el Merton Center.
Contemplativos y radicales, pacifistas, ex-prisioneros muchos de ellos
       cristianos anarquistas y cristianos budistas
y en esta fiesta una Eucaristía con canciones de protesta
         sentados en el suelo
tras el Evangelio hablan Jim, Dan, una joven señora
que acaba de verter sangre sobre la mesa de comer de Nixon
y las paredes del comedor embadurnó de sangre, en un *tourist tour*
de la casa Blanca (la Prensa no informó nada). Espera
juicio, tal vez años de cárcel, embarazada.

Dan Berrigan consagra un pan como el que me dio
y vasitos de vino. El pan partido de mano en mano, y el vino.
Después una colecta... para los acusados pobres del Watergate
        "adversarios *hermanos* nuestros".
Otra vez la fiesta. Dice Dan: "No more religion"
Galones de 'rosé' y 'blanc' californianos en una mesa
pudding de pasas, pastel de manzanas, quesos, en otra mesa.
Un muchacho rubiote muy mechudo me saluda, Michael Cullen.
Leía mis Salmos en la prisión dice,
y yo he leído de él.
Me da un folleto que él reparte: *If Mike Cullen is deported*
Nació en una granja en el sur de Irlanda, vino de 10 años, no
a hacer dinero. Estudió en seminario. Se casó, vendía aseguros
pero sintió el sufrimiento de los apartamentos llenos de ratas
    y la sangre corriendo a chorros en Indochina
quemó su tarjeta de reclutamiento. Quemó
con Jim los archivos de reclutamiento en Milwaukee
    las tarjetas 1-A para quemar cuerpos en Asia
ahora lo quieren deportar, cree que lo deportarán dice triste
alguien que pasa le mete dinero en el bolsillo y le dice
    "keep going" y él sonríe (triste)
me dice: "Pesadilla se volvió el sueño americano".
Todas las cámaras de televisión sobre Philip y su esposa.
"Creo en la revolución" dice él "Mi contribución es no violenta"
Phil de ojos azules. Fornido como un jugador de rugby
        'el Gary Cooper de la Iglesia'

Elizabeth, dulce: se han casado dice para ayudarse en la lucha
y crearán una comuna para ayudar a otros a seguir en la lucha.
Dan con su sonrisa radiante
y su paz zen

A la salida de Doubleday Bookstore, en la 5a. Avenida
unos hombres y mujeres con túnicas blancas danzando en la acera
y los jóvenes pelones (de blanco) parecen novicios trapenses.
En una vitrina:
Visón. Chaqueta de Cuero de Cordero Persa. Broche
de diamantes y rubíes...
Un muchacho con una rueda en el pecho: IMPEACH NIXON
Mujeres como de plástico.
Cruzo la calle con mucho miedo: WALK — DON'T WALK (en rojo)
Los dependientes de las tiendas casi todos cubanos
y me parece que estoy oyendo hablar
a revolucionarios
El cielo sucio. Sirenas de policía.
Las viejas hablando solas
Coronel contaba de aquel dominico francés que le dijo aquí:
"Desde que vine hace 3 meses no he podido hacer oración".
Museum of Modern Art. Sin tiempo de entrar. ¿Y para qué?
Frank O'Hara trabajaba aquí. Su poesía la hacía
a la hora del lunch —sandwiches y Coca Cola.
Una vez nos escribimos.
Ahora he comprado en Brentano's su LUNCH POEMS ($1.50)

250

y los automóviles me recuerdan su muerte
   atropellado en Nueva York (¿a la hora del lunch?)
            WALK — DON'T WALK
Dorothy Day me espera en el *Catholic Worker* dice Tony.
Recordó en el teléfono que me escribió una vez.

Librería de "paperbacks" en la 5a.
Muchos libros sobre los indios. Pawnees. Sioux. Hopis. Los
Hopis, anarquistas y pacifistas, por 2000 años, gandhianos
nunca han declarado una guerra ni firmado un tratado (ni
            siquiera con EE. UU.)
y ahora voy a encontrarme a las 12 con Kenneth Arnold
mi editor en inglés de HOMENAJE A LOS INDIOS AMERICANOS
también está aquí la autobiografía de Alce Negro
      Vino una vez a Nueva York con Búfalo Bill
las casas hasta el cielo, las luces sacadas del poder del trueno,
dice que aquí fue como uno que nunca ha tenido una visión
Zorra Roja también con Búfalo Bill. Quería a los indios, dice
los defendió en Washington. Hora de encontrarme con Kenneth.
Vino desde Baltimore. Nos citamos en el Gotham Book Mart
I Have Spoken, ya lo tengo. Con el discurso de Seattle.
      Seattle envuelto en su manto como en una toga
   con su famosa voz entendible a media milla, en medio
del terreno despalado: "Mis palabras son como las estrellas
que no cambian. Lo que Seattle diga el Gran Jefe de Washington
téngalo seguro como la vuelta del sol o las estaciones..."

251

Llueve afuera una lluvia sin olor
y va a ser hora del lunch
                    NO SMOKING
"Y cuando el último de mi pueblo haya muerto
y hablen de mi tribu como un cuento del pasado..."
          susurro de liantas sobre calles llovidas
    reflejos de neón en espejeante asfalto mojado
"...y los hijos de sus hijos se crean estar solos
en el campo, en el almacén, la tienda, no estarán solos.
Cuando las calles de sus ciudades estén calladas y ustedes
las crean vacías, estarán llenas de espíritus de muertos.
¿Dije muertos? No hay muerte. Sólo un cambio de mundo".
Salgo con libros para más homenajes a los indios americanos
y voy a Gotham Book Mart —3 cuadras— y allí está Kenneth.
Es joven, con barba. Está también Miss Steloff, el pelo plateado
la famosa señora de esta librería. Y yo estuve aquí una vez
en una fiesta para Edith Sitwell. Miss Steloff
nos invitó a Coronel y a mí y trajimos a Mimí Hammer
y estaban Auden, Tennessee Williams, Marianne Moore, Spender...
Kenneth trajo la carátula de HOMAGE TO THE AMERICAN INDIANS
y vamos a un restaurante chino a la media cuadra, y
    el lunch chow mein pero antes dos cervezas heladas.
Esta abundancia de libros sobre indios, dice
es de hace un año o dos. Se ha puesto de moda lo indio.
Él también tiene un poema sobre indios, mejor dicho
sobre Búfalo Bill, su tío-abuelo. Sí, fue hermano de su bisabuelo

el Coronel William Frederic Gody (Búfalo Bill)

Tony llega por mí, y me pide perdón por el auto.
El suyo se descompuso. Éste, lujoso, es del papá. (Avergonzado)
Invitados a almorzar por la madre del Hno. David
(con Napoleón y Jacquie). Apartamento en zona elegante
por la 5a. Ella es Baronesa de Austria
pero trabaja como empleada. Repartió su dinero.
Una muchacha me ha traído un obsequio: Poster del Watergate
—Nixon en foto de gángster con el letrero WANTED
        Brother David me dice
"¿Qué diría a los abades en los monasterios de Estados Unidos?"
Me río. "En serio. ¿Si los abades reunidos pidieran su consejo?"
"No lo seguirían." "¿Pero qué les diría?"
"Que fueran comunistas".
Una joven: "¿Por qué la sociedad primero
y no el corazón del hombre? Primero es lo interior!"
Le digo: "Somos sociales. El cambio social no es *exterior*".
        El almuerzo: yogurt con fresas
        un pan negro y otro negrísimo, leche
        uvas azules, manzanas rojas, bananos amarillos
        miel, la más sabrosa que he probado en mi vida.
Ningún licor en este almuerzo. Sólo yo fumo
        ("Bastante impuro está el aire para aspirar más humo")
El Hermano David habla con unas pequeñas cuentas en la mano.
Le pregunto: "¿Se podrá integrar el budismo con el marxismo?"

"A través del cristianismo. Ustedes han integrado
cristianismo y marxismo, y nosotros aquí cristianismo y budismo".
También me dice: "Pentecostales... tal vez mejor no los vea.
Parecen poseídos por el Espíritu, pero siguen con la Explotación".
      Tony nos deja para ir donde sus huérfanos.

Calle 12. Por aquí estuvo el apartamento de Joaquín. En esa casa,
      casi estoy seguro.
Un librero de viejo en el Village enamorado de mi camisa
      mi cotona campesina nicaragüense
me pregunta quién la inventó.
      Un letrero en oro: MONEY. (Prestamista).
Pregunto por Charlest St. Un hombre pulcro en una banca: No
sabe, dice. ¿Le puedo obsequiar un dólar? No ha comido en dos días.
      Parra estaba en Chile.
En todas las pantallas de televisión Dean declarando contra Nixon.

      Washington Square: Rock en el parque
micrófono con música electrónica loca frenéticos locutores
miles melenudos aullando con la orquesta negros rubios negras
con la orquesta, descalzos barbudos enjoyados o en harapos
aullando con la orquesta, pateando la hierba o
acostados fumando besándose bebiendo cerveza enlatada.
Grupo de lesbianas gritando. Más allá GAY LIBERATION con bandera
pasivos ante el metodista sermoneándolos Biblia en mano con
coro de señoras caras-de-palo encamisonadas hasta el tobillo.

      Cruzando la calle
dos maricones con sus dos lenguas lamen a una
un mismo cono
Estudio de Armando Morales, La Mecha: en el Bowery
el barrio de los mendigos y del *Catholic Worker*.
Es una bodega. Sin baño (se baña en el lavabo con una esponja
sobre una edición del *Times* para no mojar el piso)
con vino californiano recordamos Managua pre-terremoto
frente a telas de La Mecha que vende la Galería por 10000 dólares.
Los ceniceros latas de sardinas de las que se abren con llave,
a medio enrollar las tapas, y montones de esos ceniceros.
      Me explica: La Galería pone el precio, y ésas son
las "acciones" de un pintor. Un comprador de "Morales"
invierte en él como en General Motors. Si sube el precio
(las acciones) invertirán más en él. Y si se para la venta
      la Galería ya no podría rebajar
aunque se muera de hambre La Mecha —La baja crearía pánico
entre los "accionistas" del intrincado color y misteriosos desnudos
de Morales.
Pinta sus colores y después cubre todo el cuadro de negro.
Lo *afeita* después, con gillette, raspando el negro, y
sobre el raspado pinta todos los colores otra vez.
"Ahora ya sé pintar" dice "puedo pintar lo que quiera.
      Lo difícil es —qué pintar"
Recordamos aquella cantina de Managua *Las Cinco Hermanas*.
Recordamos unas super-musas que amamos, más o menos.

Y cuando averiguamos que estábamos en la lista de homosexuales
    de la policía —él por ser pintor, y yo por poeta.
Y él recuerda aquel burdel "La Hortencia" y yo le digo que
no quedaba allí donde él dice, era en otra parte, y ya no está
se construyó después allí la iglesia del Redentor (se ríe La Mecha)
y yo ya sacerdote celebraba allí hasta que el superior prohibió
por mi prédica antisomocista (se ríe más la Mecha) y además
ya ni Redentor hay, se derrumbó en el terremoto—
    No puede donar cuadros para la colecta del terremoto
        su pintura es de la Galería.
En toda televisión Dean seguía declarando contra Nixon.

Laughlin es un hombre del alto de la puerta, y
(como yo ya sabía por Merton) rebosante de amor.
Cuando entramos pregunta a su esposa por el vino de Nicanor.
Dónde está el vino que dejó Nicanor. Saca de la refrigeradora
el vino portugués blanco San-No-Sé-Cuántos que dejó la última vez
que estuvo Nicanor. Estamos con la copa en la mano aún sin beber
y Laughlin levanta la suya hacia el cielo como en un Ofertorio:
"Por Tom. Estoy seguro que gozará con esta reunión
donde sea que esté!" Y yo: "Está aquí". El vino de Nicanor Parra
delicioso. "Es curioso" dice Laughlin "después de su muerte
se vio que cada amigo suyo se creía el más íntimo de Merton".
Tras una pausa y sorbo del vino: "—Y en realidad lo era".
Con Napoleón Chow charla de China y con Jacquie de Turquía.
Nos da algunos de los libros nuevos de "New Directions".

Hemos firmado rápidamente el contrato de mi libro EN CUBA.
Más vino. Margaret Randall parece feliz en Cuba —Qué bueno.
Simpatiza mucho con ella, aunque no la conoce.
       Nos cuenta (aún no lo sabe el público)
el enamoramiento de Merton ·dos años antes de su muerte.
El '66. En la primavera. Él y Parra estaban en el monasterio.
Chiquilla bellísima. El amor, como un rayo. "Locamente" dice
      "pero no quiso dejar de ser monje"
Digo después que él es un buen poeta, lo he traducido, y dice que no
Pound le dijo que no. Le tachaba los poemas
con el famoso lápiz. Le dijo: "Do something useful" y él
se hizo editor. Nadie tenía editor entonces, sólo Hemingway.
Él asistía en Rapalo a la *Universidad Ezra.* Almorzaba con Pound
y su esposa en el Albergo Rapales. Después natación o tenis
y lecturas de Villon, Catulo... Pound fue su padre espiritual.
  Cuenta: Somoza le robó una vez una mina a un tío suyo.
—James Laughlin es nieto del Laughlin el rey del acero—
     "Por supuesto que sabía" dice Laughlin (Nixon)
Se acaba el vino de Nicanor y vamos a un restaurante francés
a las tres cuadras.
"Le gustaba mucho la soledad y le gustaba mucho la gente.
Amaba el silencio —y también la conversación.
Merton era gregario, you know, y perfecto monje"

Media noche. En una cigarrería ya el *New York Times* de mañana
    NIXON SABÍA DICE DEAN (lo compramos)

En el subway anuncio del Army: muchachos graduándose—
   ...después de graduarse es lindo entrar al Army...
Y los oscuros subways ahora van pintarrajeados por fuera:
   nombres de muchachos y muchachas en muchos colores
    Alice 95   *Bob 106*   *Charles 195*
y pasan los expresos como si fueran cubiertos de flores
(sus nombres y sus calles donde viven) "los escriben
para que alguien los conozca, para ser reales" dice Napoleón
      Pintados con pintura de spray de todos colores
y hay nombres hasta de un metro de alto
     Manuel... *Julia*... *José*... (muchos puertorriqueños)

Slums 'sin ninguna belleza más que las nubes'
36 East ist Street., (Bowery)
con emoción vi el rótulo chiquito en la fachada: *Catholic Worker*
un gordo acostado en la acera me pide dulcemente un cigarrillo
   con emoción entro en este lugar sagrado
ella no estaba, pero pronto viene en la acera con otras mujeres
   flaca, encorvada, con la cabeza blanca
aún es bella a los 78
beso la mano de la santa y ella me besa en la cara.
Como mi abuela Agustina en los años 50 (cuando aún
   podía leer y era lectora de esta mujer)
Ésta es la famosa House of Hospitality que fundaron
Peter Maurin y Dorothy Day durante la Gran Depresión
donde dan comida y dormida gratis a todo el que llega

borrachos locos drogados vagabundos moribundos
y también es un movimiento pacifista y anarquista:
su meta, una sociedad en que sea fácil ser bueno.
   Pronto iban a llegar los pobres para la cena.
Yo estudiaba en Columbia, y aún allí supimos
que había muerto un santo en el barrio de los mendigos.
Peter Maurin, agitador y santo
predicaba en los parques:
                 "Despidan a los patrones" o
           "Dar y no quitar
           hace humano al hombre"
Con un solo vestido, ajado y no a su medida. Sin cama propia
en este lugar que él fundó, ni un rincón para sus libros.
   Caminaba sin mirar las luces del tráfico.
Y ella consagrada desde entonces a
'las obras de misericordia y de rebelión'. Una vida
de comunión diaria y de participación
en toda huelga, manifestación, marcha, protesta, o boicot.
Aquí vienen a trabajar sin sueldo estudiantes, seminaristas
profesores, marineros, también mendigos, y a veces se quedan
toda una vida. Muchos han ido a la cárcel o están allí.
Hennacy ayunaba frente a los edificios del gobierno
con pancarta, repartiendo volantes y vendiendo el periódico
y no pagaba impuesto porque el 85% es para la guerra
trabajaba de peón en los campos para no pagar impuesto.
Hugh flaco, con pantalón corto sandalias y poncho

también hacía penitencia en las calles.
Jack English, un brillante periodista de Cleveland
fue cocinero del Catholic Worker y después se hizo monje.
Roger La Porte era guapo y rubio de 22 años; se inmoló
prendiéndose fuego con gasolina frente a las Naciones Unidas.
Y un viejo *ex-marine*, Smoky Joe, que peleó contra Sandino
en Nicaragua, murió aquí convertido a la no violencia.
      Aquí trabajó Merton antes de la Trapa.
El periódico se vende aún a 1 Centavo
como Dorothy Day salió a venderlo por la primera vez
     a Union Square un 1o. de Mayo (1933)
Era el tercer año de la Depresión
        12 millones de desempleados
y Peter quería con el tabloide más que una publicación de opiniones
una revolución.
       Las ollas ya humeantes
Ya empiezan a llegar los pobres, los sin casa, los del Bowery
a hacer cola. "El *otro* Estados Unidos" dice Dorothy
     los hombres desplazados por la máquina
      y abandonados por la Santa Madre Estado.
Gritos. Uno ha entrado pateando y trompeando
     —Dos del Catholic Worker lo sacan suavemente.
"*Nunca* llamamos policías porque creemos en la No Violencia"
Y me dice también: "Cuando visité Cuba
vi que Sandino era un héroe de ellos
y gocé. Porque joven recogí dinero para él,

cuando era comunista, antes de convertirme al catolicismo.
Y vi a los principales generales de Sandino (no a él)
en México: con sus grandes sombreros, comiendo hot-dogs
        por qué hot-dogs no lo sé"
Y enérgica irguiendo su cabeza blanca: "La Cuba de Castro
la conozco, como ya se lo escribí a usted. Me gustó"
Gritos. Ahora es una enana. Y uno se la lleva dulcemente
    levantada en el aire como muñeca.
Cuenta que ahora ayudan a los trabajadores de Chávez
boicoteando la cadena de tiendas *A&P*. Y ella ora, dice
para que Estados Unidos tenga una derrota purificadora. Habla
de Joan Báez que en Hanoi cantaba bajo los bombardeos. Dice
que decía Hennacy: 'Contrario a lo que la gente piensa
no somos los anarquistas los de las bombas sino el gobierno'.

    Y no hay paz porque las calles quedarían sin tráfico
paradas las fábricas, los pájaros cantando sobre las máquinas
como lo vio ella en la Gran Depresión. Habla de los horrores
que ella ha visto en The Women's House of Detention
las veces que ha estado presa. Y mirando los pobres que entran
repite lo que decía Peter: 'El futuro será diferente
    si hacemos el presente diferente'
Un adiós reverente a esta santa anarquista
y este santo lugar donde todos son recibidos, todo gratis
        a cada uno según sus necesidades
        de cada uno según sus capacidades.

DOWN TOWN. UP TOWN. Bang. Bang. Van tronando los trenes
bajo tierra Up Town y Down Town
con nombres de muchachos pobres pintados como flores
     Tom   *Jim*   *John*   *Carolina*
el nombre y la dirección triste donde viven. Son
reales. Para que sepamos que son REALES. Bang Bang
los expresos sobre los cables de alta tensión con
sus luminosos anuncios de Calvert, Pall Mall, y el Army
      es lindo entrar al Army

De noche, cerca de Wall Street, en apartamento sin mobiliario
sacerdotes y laicos y ministros protestantes marxistas
   "Cambiar el sistema en que el lucro es el fin del hombre"
"La ética cristiana no cabe en los límites de la moral privada"
     "La visión del Reino de Dios es subversiva"
Uno trabaja con computadoras, otro con los pobres.
Domingo en la noche, y pisos aún iluminados en Wall Street.
Nos están jodiendo.
    "Hallo Bogotá"
       "Hallo ITT"
2 rascacielos gemelos más altos que el Empire
de la mitad para arriba iluminados
patente en el cielo tras los cristales el Imperialismo
Hallo queríamos más sequía
   ¿Quién es ese otro monstruo que se levanta en la noche?
El Chase Manhattan Bank jodiendo a media humanidad.

Tras Wall Street, el puente de Brooklyn, como una lira de luces.
En la sombra dos muchachos robando en un carro según parece.
Nuestro satélite pálido sobre el cielo de Brooklyn
          achatado como balón de rugby.

Temprano al otro día Tony me lleva de nuevo al Aeropuerto Kennedy
en su auto franciscano. 6 días en Nueva York.
          La Colecta sería para Concientización.
"¡A ninguna institución!" me dijo Tony. No institution.
No me tocó ventanilla. Al alzar vuelo, allá lejos
          (apenas un vistazo)
la silueta de los rascacielos en un cielo de humo de automóviles
          ácidos y monóxido de carbono.

La llegada

Bajamos del avión y vamos nicaragüenses y extranjeros
revueltos hacia el gran edificio iluminado —primero
Migración y Aduana— y voy pensando al acercarnos
pasaporte en mano: el orgullo de llevar yo
el pasaporte de mi patria socialista, y la satisfacción
de llegar a la Nicaragua socialista —"Compañero"...
me dirán —un compañero revolucionario bien recibido
por los compañeros revolucionarios de Migración y Aduana
—no que no haya ningún control, debe haberlo
para que no regresen jamás capitalismo y somocismo—
y la emoción de volver otra vez al país en revolución
con más cambios cada vez, más decretos de expropiaciones
que me cuenten, transformaciones cada vez más radicales
muchas sorpresas en lo poco que uno ha estado fuera
y veo gozo en los ojos de todos —los que quedaron
los otros ya se fueron— y ahora entramos a la luz
y piden el pasaporte a nacionales y extranjeros
pero era un sueño y estoy en la Nicaragua somocista
y el pasaporte me lo quitan con la cortesía fría
con que me dirían en la Seguridad "pase usted"

y lo llevan adentro y ya no lo traen (seguramente
estarán telefoneando —seguramente a la Seguridad
a la Presidencial o quién sabe a quién) y ahora
todos los pasajeros se fueron y no sé si voy a caer preso
pero no: regresan con mi pasaporte al cabo de 1 hora
la CIA sabría que esta vez yo no fui a Cuba
y estuve sólo un día en el Berlín Oriental
por fin yo ya puedo pasar al registro de Aduana
sólo yo de viajero en la Aduana con mi vieja valija
y el muchacho que me registra hace como que registra
sin registrar nada y me ha dicho en voz baja "Reverendo"
y no escurca abajo en la valija donde encontraría
el disco con el último llamado de Allende al pueblo
desde La Moneda entrecortado por el ruido de las bombas
que compré en Berlín Oriental o el discurso de Fidel
sobre el derrocamiento de Allende que me regaló Sergio
y me dice el muchacho: "Las ocho y no hemos cenado
los empleados de aduana también sentimos hambre"
y yo: "¿A qué horas comen?" "Hasta que venga el último avión"
y ahora voy a ir hacia la tenebrosa ciudad arrasada
donde todo sigue igual y no pasa nada pero he visto
los ojos de él y me ha dicho con los ojos: "Compañero".

Condensaciones —y visión de San José de Costa Rica

Allá arriba llaman las estrellas
invitándonos a despertar, a evolucionar,
    salir al cosmos.
Ellas engendradas por la presión y el calor.
        Como alegres bulevares iluminados
        o poblaciones vistas de noche desde un avión.
    El amor: que encendió las estrellas...
El universo está hecho de unión.
        El universo es condensación.
Condensación es unión, y es calor (Amor).
El universo es amor.
        Un electrón nunca quiere estar solo.
Condensación, unión, eso son las estrellas.
La ley de la Gravedad
        che move il sole e l'altre stelle
es una atracción entre los cuerpos, y la atracción
se acelera cuando se acercan los cuerpos.
La fuerza de atracción de la materia caótica.
        Cada molécula

267

atrae a toda molécula del universo.

La línea más recta es curva.

Sólo el amor es revolucionario.

El odio es siempre reaccionario.

El calor es un movimiento (agitación) de las moléculas
como el amor·es movimiento (y como el amor es calor)
Un electrón busca pertenecer a un grupo completo o subgrupo.

Toda la materia es atracción

Los electrones del átomo giran en órbitas elípticas
como giran en órbitas elípticas los planetas
(y el amor es en órbitas elípticas)
Cada una de las moléculas de la tierra, atrae
a la luna, al sol y las estrellas.
Ha llovido en la noche y los sapos están cantando
bajo la luna, cantando para las hembras, llamándolas
a la cópula.

Y los átomos, se juntan los átomos amantes
hasta que tantos átomos se han unido
que empiezan a brillar y es una estrella.

(¿Qué sucede en la unión sexual? ¿Y cómo produce
nueva vida?) Y de ellas vino la danza.
Entre estalagtitas y estalagmitas (última galería)
un bisonte modelado en barro de la misma cueva
saltando una hembra modelada con el mismo barro
y en el suelo huellas, plantas y talones en el barro
de adolescentes de la era glacial que danzaron

y danzaron delante de los dos bisontes.

La danza aprendida de las estrellas.

Domingo en la noche, y en Wall Street un viento sucio
avienta periódicos en la acera vacía. Wall Street con estrellas
fantasmal y vacío. Oscuras las ventanas de los bancos
aunque no todas. Algunas filas iluminadas
en las moles negras. Pueden identificarse:
los departamentos extranjeros de los grandes bancos.
Las puertas de hierro cerradas con candados y barras.
Pero por entradas traseras ha entrado una gente
a los departamentos extranjeros. Las luces reuniones secretas
decisiones que ignoramos (y asciende como las acciones
el humo de sus habanos) pero nos afectan a todos.
Un motín en la Malasia por la devaluación, buses quemados
y la sangre corre en las calles como el agua de un hidrante.
A la hora en que brillan las estrellas sobre Wall Street
y la hora en que en Londres abren los bancos.

La materia atrae a la materia,
y a medida que aumenta la condensación aumenta
su poder de atracción. En igualdad de condiciones
una condensación de dos millones de millas de diámetro
ejerce doble atracción que una de un millón. Así
mientras es mayor la condensación mayor su posibilidad
de crecer más reuniendo menores condensaciones.
Supongamos ahora que una masa enorme de gas uniforme

se extiende en el espacio por millones y millones de millas
en todas direcciones: cualquier pequeña alteración
de su uniformidad puede desencadenar condensaciones y
condensaciones, de cualquier dimensión imaginable.

Pasará el Capitalismo. Ya no veréis la Bolsa de Valores.
—Tan seguro como la primavera sigue al invierno...
        Mi visión de San José de Costa Rica.
Y si "el último enemigo destruido será la muerte"
antes será destruido el egoísmo.
Tan diferente del actual como él lo es del Sinántropo.
      La competencia impide la cooperación.
Hay separación entre hombre y hombre.
Una humanidad rota.
           El primer pez
murió asfixiado. El primer pez que saltó a tierra
fue como el Che.
       Pero otros siguieron después.

Cualquiera pensaría que un pequeño disturbio
que sólo afecta una pequeña masa de gas
produciría una condensación de pequeñas proporciones.
Pero la gravitación del más pequeño cuerpo
repercute en todo el universo. La luna
crea mareas en la tierra y en las estrellas más distantes.
Cuando el bebé tira al suelo su juguete

perturba la moción de todas las estrellas del universo.
Mientras exista gravitación, ninguna
perturbación puede quedar confinada
a un área menor que la totalidad del espacio.

"La tentativa de subir al asalto al cielo" dijo Lenin
nada menos Lenin (La Comuna de París).
     Comunal y personal, sin clases y sin estado.
Un hombre nuevo con nuevos cromosomas.
Fácil producir y distribuir lo que necesitamos
      en este cuerpo celeste
(La economía no es complicada)

Mientras más violenta es la perturbación
más intensas serán las condensaciones
pero aun la más insignificante desarrolla
condensaciones aunque sean de intensidad debilísima
y ya vimos que el destino de una condensación
no está determinado por su intensidad sino por su masa.
Por muy débil que haya sido su intensidad original
las grandes condensaciones se van haciendo más grandes
y más grandes, y las pequeñas desaparecen absorbidas
por las más grandes, y al final no queda sino una colección
de enormes condensaciones. Así son los fenómenos que llamamos
socializaciones, y así es
     la Revolución.

El universo es homogéneo. Los fragmentos de estrellas
en el Museo Geológico de South Kensington
demuestran que ellas son de la misma carne de nosotros.
          (También nosotros somos astro)
"Carne celeste" dijo Rubén.
También somos hijos del sol
(el calor de nuestra gente es calor solar)
          Engendrados por las estrellas!
"Negra, estoy contento en la montaña
porque estoy en el frente de batalla de mi pueblo".
      Y la batalla lleva ya veinte mil millones de años.
Mas: "la revolución no acaba en este mundo"
si no vencemos a la muerte
          triunfa definitivamente el statu quo
               la muerte es statu quo.

Y mi Visión en San José de Costa Rica, contaré
mi Visión —en un taxi de noche
acabando de llegar en avión a un Congreso de Escritores—.
Mi Visión fue: unos anuncios de neón, farmacias, autos
muchachos en motos, gasolineras, bares, gente en las aceras
grupo de niñas con uniforme, trabajadores agrupados
          y vi todo organizado por el amor.
El color de un sweater me hablaba de amor
el amor movía los carros, encendía esas luces
                              —todas—.

272

Las modas de las muchachas, qué eran sino amor
        los niños de los barrios, reunidos por el amor
y plantados por el amor árboles de flor roja
        un muchacho mechudo —mechudo por el amor
un anuncio: IMPERIAL. Quién sabe qué es pero será
cosa para compartir, obsequiar.
Una caseta telefónica y alguien llamando ¿a quién? ¿a quiénes?
Madre e hijo por la calle y he ahí otro amor
        una pareja va abrazada, otro amor
            una mujer encinta como gritando amor.
Mi taxi pasa. Dos en una acera: uno contando un cuento
 (serán amigos)
                Animal muy bello es el hombre me digo
Pollos Fritos, Pastelería... también amor.
Uno muy aprisa —llegando tarde. ¿Adónde? A una
cita o a una fiesta, una casa donde él ama.
Otro llevando pan. Para él con otros. Comunión.
Restaurantes brillantes: también son para una unión
cerveza PILSEN: también anuncia asociación, reunión
      Coca-Cola
(una mierda) pero el letrero deletrea esta noche:
                        C o m u n i ó n
  Bella especie dije cómo la amo
            todos nacidos de cópulas
                nacidos para el amor
(En un barrio, una casa con fiestecita. Y qué emoción)

273

Y vi que era bello morir por los otros.

Ésa fue mi Visión esa noche en San José de Costa Rica
la creación entera aun en los anuncios comerciales gemía con dolor
por la explotación del hombre por el hombre. La creación entera
            pedía, pedía a gritos
la Revolución.

Epístola a José Coronel Urtecho

Poeta:
He gozado con sus "Conferencias a la Iniciativa Privada"
(yo diría Homilías) que escribió en Granada, en la casita del lago,
y tardó tanto escribiéndolas que pensaba —me dijo allí una vez—
que tal vez cuando las terminara no habría iniciativa privada.

     Todavía hay. Pero no será por mucho tiempo.
Fue un esfuerzo heroico el suyo para que le entendieran
no obstante la inflación y devaluación del lenguaje
en el lenguaje de todos los días, que es también el de la poesía,
los gerentes de empresa. Y fue, supongo
un esfuerzo inútil. No se salvan, salvo
     las excepciones que conocemos.
Algunos sí individualmente.
       Engels fue millonario.
     Usted sabe como yo que no tienen remedio.
     Salvo unos pocos que ya sabemos.
(Revolucionario hecho empresario para financiar *El Capital*...)
Usted poeta, que codo dice, no posee "bienes terrenos"
y mucho nos repite que la finca Las Brisas no es suya
sino de la María y de sus hijos y está allí posando como huésped,

                      y jamás en su vida ha vendido nada,
          ha predicado ahora a la Iniciativa Privada. Y fue para
                    me parece a mí, que viendo no vean
                            oyendo no entiendan
                "no sea que se conviertan y se salven"
          . . .un Cadillac por el ojo de una aguja.
          Pueden ser buenos, según Marx. Algunos capitalistas
          son de buen corazón. Por eso: no es cambiar el corazón
                    sino el sistema.

          La propiedad privada —ese eufemismo.
                    Ladrones, no es retórica.
          No es figura de lenguaje.
          Caridad en la Biblia es *sedagah* (justicia)
                  (la terminología correcta que quería el maistro Pound)
          y "limosna", devolver.
          Esto tiene mucho que ver con la inflación y devaluación
                    (del lenguaje y el dinero)
          La solución es simple: repartir fraternalmente.
                    El capitalismo impide la comunión.
                    Los bancos impiden la comunión.
          Y nadie con más de lo que realmente necesita.
          A los bancos les interesa que el lenguaje sea confuso
          nos ha enseñado el maistro Pound
          de ahí que nuestro papel sea clarificar el lenguaje.
          Revaluar las palabras para el nuevo país

mientras el FSLN viene avanzando en el norte.
San Ambrosio tronaba en su catedral de Milán, en los umbrales
del feudalismo, la catedral no gótica todavía
ni románica sino revolucionaria:

> LA TIERRA ES DE TODOS, NO DE LOS RICOS

y san Juan Crisóstomo en Bizancio con su marxismo bíblico:
"la comunidad de bienes responde mejor a la naturaleza".
En el lenguaje del nuevo testamento, le decía yo la otra
vez en Las Brisas, citando al padre Segundo

> el "pecado" es el conservatismo.

El mundo en san Juan es el statu quo
El mundo-pecado es el sistema.
Un cambio de *actitud* es de estructuras.

> > Obtener más ganancia para
> > acumular más capital para
> > obtener más ganancias para
> > y así hasta el infinito.

Ajeno. Trabaja ajeno según Crisóstomo.
"Disfruto de lo mío..." "No, no de lo tuyo
sino de lo ajeno".
Una especie de fructificación automática. Ya tantas
veces hemos comentado esto, con los textos del maistro Pound.

> La "parthenogénesis" del dinero.

Y las muchachas de Matiguás son muy hermosas
pero están siendo esterilizadas.

Todavía hay. Pero no será por mucho tiempo.
          Ya pasa esta prehistoria
de la superficie del planeta en manos de pocos.
Leíamos la otra tarde aquí bajo el mango
mirando el lago azul y enfrente la pequeña isla La Cigüeña
lo que dice Fidel: "la tierra será como el aire"
y los muchachos del club Juvenil sueñan ya ese día
cuando la isla La Cigüeña, La Venada, todas las islas
sean de ellos, y el país entero. "En el extranjero
uno dice mi tierra", decía Laureano, "y es mentira
es de otros jodidos".
Y hemos sabido que ahora en Portugal
están presos los banqueros.
          Millonarios, y no lustradores.
Ha sido cerrado el Banco del Espíritu Santo.
Una especie de fructificación automática, como si
el dinero trabajara.
          La santa banca...
    Su función es buscar el dinero que no existe
y prestarlo.
        No hay comunión con Dios ni con
        los hombres si hay clases,
              si hay explotación
            no hay comunión.
Le han dicho que yo ya sólo hablo de política.

No es de política sino de Revolución

que para mí es lo mismo que reino de Dios.

        Construir la tierra.
La transformación de la tierra en una tierra humana
o la humanización de la naturaleza.
Todo, hasta el cielo, un hombrecito como decía Vallejo.
     Llenar de amor este planeta azul.
       (O la revolución es burocrática.)
Como el paso del australopiteco al pitecántropo.
El sujeto plenamente objeto
y el objeto pleno de subjetivismo.
     Dueños de la naturaleza y de sí mismos
       libres, sin Estado.
La Osa Mayor tendrá ya entonces forma de jirafa.
El hombre nuevo no es uno,
me dijo usted un día allí en el río,
     son muchos juntos.
"Cambio del hombre", dicen, no de estructuras. Pero
¡un cambio de estructuras es hasta del subconsciente del hombre!
     Una nueva relación entre los hombres
     y entre el hombre y el mundo natural
     y con lo Otro
         (en lo que también usted insiste tanto)
Marx dijo que no sabía
     qué habría después del comunismo.
Como el árbol hacia la luz

la evolución se desarrolla hacia el amor.
El planeta no será dominado por insectos, monos, o robots
        o por el monstruo de Frankenstein.
Un billón y pico desde la primera célula...
Vio que la materia era buena (Un Dios materialista).
Y con la creación comenzó la liberación.
        Y el pecado es la contra-evolución
es antihistórico
            la tendencia a lo inorgánico.
¿Cómo escapó nuestra materia de la anti-materia?
¿Y qué quiere decir que Cristo entregará el reino al Padre?
...Al que se reveló en la zarza como El que oye a las masas
        como la liberación de la sociedad esclavista.
Y también podíamos preguntarnos: ¿Qué relación hay
entre resurrección y relaciones de producción?
        Toda célula viene de otra célula.
La vida se produce por participación de la vida.
        La reproducción es por comunión.
Sería injusto, la injusticia final si no hubiera.
        Hay resurrección, si no
¿no se librarán los que murieron antes de la revolución?
La abolición de la muerte... Pero primero naturalmente
        la del dinero.

Usted se ha vuelto al río, a su finca Las Brisas
que no es suya sino de la María y de sus hijos,

Usted ha escrito: "maldita la propiedad privada."
Y San Basilio: "dueños de los bienes comunes
porque fueron los primeros en cogerlos."
Para los comunistas Dios no existe, sino la justicia.
Para los cristianos Dios no existe, sin la justicia.
Monseñor, somos subversivos
cifra secreta en una tarjeta en un archivo quién sabe dónde,
seguidores del proletario mal vestido y visionario, agitador
profesional, ejecutado por conspirar contra el Sistema.
Era, usted sabe, un suplicio destinado a los subversivos
la cruz, a los reos políticos, no una alhaja de rubíes
en el pecho de un obispo.
            Lo profano no existe más.
Él no está más allá de los cielos atmosféricos.
Qué importa, monseñor, si la Policía Militar o la CIA
nos convierte en alimento de las bacterias del suelo
y nos dispersa por todo el universo.
        Pilatos puso el letrero en 3 idiomas: SUBVERSIVO.
Uno apresado en la panadería.
Otro esperando un bus para ir al trabajo.
Un muchacho de pelo largo cae en una calle de São Paulo
        Hay resurrección de la carne. Si no
¿cómo puede haber revolución permanente?
Un día "El Tiempo" salió jubiloso a las calles en Bogotá
(hasta Solentiname me llegó) MUERTO CAMILO TORRES
            enormes letras negras

el trabajo por amor al dinero y no por amor al trabajo
frente al llano siempre verde aun en verano, con
palmeras cubas rousseauneanas y palomas pataconas
y palomas poponés y chillonas bandadas de piches,
    la universidad de los jesuitas, el INCAE
   los realistas sin más realidad que la que da ganancias,
y de vez en cuando también pasan volando martín-peñas
y martín-pescadores de pico largo y despeinado copete
y veteranos de cuello desplumado también en bandadas
    el joven ejecutivo sin tiempo para coger a su mujer
       los amigos de Managua
   que nunca hacen nada por estar demasiado ocupados,
o son guairones, o el avión de San José de Costa Rica
que ya baja a aterrizar a Los Chiles, o son patos de aguja
    los dos tipos de gente que dominan en Nicaragua
    los bebedores de sangre / y los comedores de mierda,
y la gallinita-de-agua color de flor acuática corre
junto al agua de la zanja, y surge de los sorocontiles
el sargento negro con su mancha de sangre como un guardia,
    la Mierdocracia,
    generales y comerciantes, cuando no generales comerciantes,
en su estudio rústico hecho por la María, abierto al llano
lejos en el horizonte la línea azul del río casi invisible
y de vez en cuando casi inaudible el rumor de un motor de lancha
    la historia de Nicaragua se detuvo en 1936

y si es tarde pasan las lapas en parejas, canta un cuaco

quién sabe dónde, canta el sapito tú llamando a la hembra
tú, tú, tú, y cuando llega la hembra se le monta encima
    ¡Está loco, pero como todos le obedecen, parece cuerdo!
alza vuelo la garza de plumas de espuma y pico amarillo
y sale la luna, la luna llena sobre el llano del Medio Queso
y la María nos llama para la cena.

"El arte revolucionario sin valor artístico…"
    ¿Y el artístico sin valor revolucionario? Me parece
que grandes bardos del siglo xx están en la Publicidad
    esos Keats y Shelleys cantando la sonrisa Colgate
la Coca-Cola Cósmica, chispa de la vida
    la marca de carro que lleva al país de la felicidad.
La inflación y devaluación del lenguaje
parejas a las del dinero y causadas por los mismos.
    Al saqueo llaman sus inversiones.
Y están llenando la tierra de latas vacías.
    Como un río de Cleveland que ya es inflamable
el lenguaje, también polucionado.
    "Parece que nunca entendió (Johnson)
    que las palabras tienen un significado real
    además de servir para la propaganda"
    dijo Time que sí lo entiende y miente igualmente.
Y cuando la defoliación en Vietnam
es Programa de Control de Recursos
es también defoliación del lenguaje.

Y el lenguaje se venga negándose a comunicar.
    El saqueo: inversiones
También hay crímenes de la CIA en el orden de la semántica.
Aquí en Nicaragua, como usted ha dicho:
la lengua del gobierno y la empresa privada
contra la lengua popular nicaragüense.

Recuerdo aquella vez en el puertucho de San Carlos
donde uno dobla para ir al correo y al telégrafo
y se ve el gran lago abierto color cielo, y Solentiname
también color cielo, y los volcanes de Costa Rica
y las puestas de sol son sólo comparables a las de Nápoles
según Squire:
el guardia borracho en la acera con el garand bala en boca
        apoyándose en el garand para no caer,
el obrero borracho acostado sobre el lodo de la calle
        cubierto de moscas y con la portañuela abierta.
Y me dijo usted: "Hay que escribir esto en una poema
    para que sepan después lo que fue Somoza".
 (La poesía como poster
       o como film documental
       o como reportaje).
Usted antes estuvo en la reacción. Pero su "reacción"
no era tanto la vuelta a la Edad Media sino a la de Piedra
(¿o tal vez más atrás todavía?)
       Yo he añorado el paraíso toda mi vida

        lo he buscado como un guaraní
pero ya sé que no está en el pasado
 (un error científico en la Biblia que Cristo ha corregido)
sino en el futuro.

Usted es un optimista empedernido, como yo, y
al menos a corto plazo es más que yo,
y prende la radio cada mañana para oír la noticia que cayó Somoza.
Ahora usted va a cumplir 70 años
y espero no caiga en la tentación del pesimismo.
La revolución no acaba en este mundo
        me dijo usted una vez en esta isla, frente al lago
y el comunismo se prolongará en el cielo.
        El FSLN viene avanzando en el norte.
Aun en la universidad de los jesuitas hay signos de vida,
la hierba tenaz asoma otra vez entre el concreto,
    la tierna hierba agrieta el concreto.
Sus conferencias serán más apreciadas sin iniciativa privada.
Miro aquí nomás tras el cedazo el lago en calma, y pienso:
    como el lago azul refleja la atmósfera celeste
      así será en el planeta el reino de los cielos.
        Una garza junto al agua comulga con una sardina.
Saludos a la María y al río.
Le abraza,

Epístola a monseñor Casaldáliga

Monseñor:
Leí que en un saqueo de la Policía Militar
en la Prelatura de São Félix, se llevaron, entre
otras cosas, la traducción portuguesa (no sabía
que hubiera) de "Salmos" de Ernesto Cardenal. Y
que a todos los detenidos han dado electrodos
por Salmos que muchos tal vez no habían leído.
He sufrido por ellos, y por tantos otros, en
      'las redes de la muerte'. . . 'los lazos del Abismo'.
         Hermanos míos y hermanas
con la picana en los senos, con la picana en el pene.
Le diré: esos Salmos aquí también han sido prohibidos
y Somoza dijo hace poco en un discurso
que erradicaría el 'oscurantismo' de Solentiname.

He visto una foto suya a orillas del Araguaia
el día de su consagración, con su mitra
que como sabemos es un sombrero de palma
y su báculo, un remo del Amazonia. Y he sabido
que espera ahora una sentencia del Tribunal Militar.

Lo imagino, en espera, sonriente como en la foto (no
era a la cámara sino a todo lo que estaba por venir)
a la hora en que los bosques se vuelven más verdes
o más tristes,
                al fondo el agua bella del Araguaia,
        el sol hundiéndose tras lejanos latifundios.
La selva allí empieza, 'su silencio como una sordera'.
Yo estuve una semana en el Amazonas (Leticia) y recuerdo
las riberas de árboles ocultos por marañas de parásitos
como empresas financieras.
        Usted ha oído de noche sus extraños ruidos
(unos son como quejidos y otros como carcajadas).
Jaguar tras tapir, tapir espantando a los monos, los monos
ahuyentando a...
                ¿guacamayas?
                        (está en una página de Humboldt)
        como una sociedad de clases.
Una melancolía en las tardes como la de los patios de las Penitenciarías
En el aire hay humedad, y como un olor a DEOPS...
Tal vez sopla un viento triste del Nordeste
        del triste Nordeste...
Hay una rana negra en los negros igarapés
(he leído) una rana que interroga: *Porrr*
qué? Porrr
qué?
Tal vez salta un pez-tucunaré. Alza el vuelo una garza grácil

como Miss Brasil.

      Pese a las compañías, las empresas. La belleza
de esas riberas, preludio de la sociedad que tendremos.
Que tendremos. No podrán, aunque intentan
      quitar un planeta al sistema celeste.

¿Anda por allí la Anaconda? ¿Anda
la Kennecott?
Allá, como aquí, el pueblo está con miedo.
Los seglares, usted ha escrito,
      "por la selva como jaguares, como pájaros"
He sabido el nombre de un muchacho (Chico)
y el nombre de una muchacha (Rosa)
        La tribu se va río arriba.
Vienen las Compañías levantando los cercos. Pasan
por el cielo del Mato Grosso los terratenientes en sus avionetas.
Y no lo invitan al gran churrasco con el Ministro del Interior.
        Sembrando soledad las Compañías.
Van llevando el telégrafo para transmitir falsas noticias.
El transistor a los pobres, para las mentiras al oído.
      Prohibida la verdad porque hace libres.
Soledad y división y agudas púas.
Usted es poeta y escribe metáforas. Pero también ha escrito:
        "la esclavitud no es una metáfora".
Y se internan hasta por el alto Xingú
los cazadores de concesiones bancarias usurarias.

El llanto en esas zonas, como la lluvia amazónica:
La Policía Militar le ha dicho que
la Iglesia sólo debe cuidar a los "espíritus"
¿Pero y los niños anémicos por las sociedades anónimas?

Tal vez es noche oscura·en la Prelatura de São Félix.
Usted solo, en la casa de la Misión, rodeada de selva,
la selva por donde vienen avanzando las corporaciones. Es
la hora de los espías del DEOPS y los pistoleros de las Compañías.
          ¿Es un amigo a la puerta o el Escuadrón de la Muerte?

Imagino (si hay luna) una luna melancólica del Amazonia
          su luz ilumina la propiedad privada.
Latifundio no para cultivar, que esto quede claro,
sino para que el posseiero no haga su pequeña granja.

Noche oscura.—"Hermano, ¿cuánto faltará para llegar
a Paranará?" —"No sabemos, hermano.
No sabemos si estamos cerca o lejos
o si ya pasamos. Pero rememos, hermano".

Noche oscura. Brillan
las lucecitas de los desposeídos en las orillas.
    Sus llorosos reflejos.
Lejos, muy lejos, ríen las luces de Río de Janeiro
y las luces de Brasilia.

¿Cómo *poseerán la tierra* si la tierra la tienen terratenientes?
Improductiva, sólo valorizada para la especulación
inmobiliaria y los gordos empréstitos del Banco del Brasil.
    Allí Él siempre es vendido por Treinta Dólares
        en el Río das Mortes.
    El precio de un peón. No obstante
    2 000 años de inflación.

Noche oscura. Hay una lucecita humilde (en qué lugar
exactamente no lo sé)
        un leprocomio en el Amazonas
allí están los leprosos en el muelle
esperando el regreso de la balsa del Che.

He visto que usted cita mi HOMENAJE A LOS INDIOS AMERICANOS
me sorprende que el libro viajara tan lejos hasta el alto Xingú
donde usted, monseñor, los defiende. ¡Un mejor homenaje!
    Pienso en los pataxó inoculados de viruela.
    De 10 000 cintas-largas sólo 500.
Los tapaiama recibieron regalos de azúcar con arsénico.
Otra tribu del Mato Grosso, dinamitada desde un Cessna.
No resuena el ronco mangaré llamando a las danzas a la luna,
Las danzas disfrazadas de mariposas, mascando la coca mística,
Las muchachas desnudas pintadas con los dibujos simbólicos
de la piel de la boa, con sonajas de semillas en los tobillos
alrededor del Árbol de la Vida (la palmera de pifayo).

Una cadena de rombos representa la serpiente, y dentro
de cada rombo otras grecas, cada greca otra serpiente.
De manera que son muchas serpientes en el cuerpo de una sola:
La organización comunal de muchos individuos. Pluralidad
dentro de la unidad.
          Al principio había sólo agua y cielo.
          Todo estaba vacío, todo era noche grande.
Después hizo montañas, ríos. Dijo "ya está todo allí."
Los ríos se llamaron unos a otros por sus nombres.
      Los hombres antes eran monos choros.
La tierra tiene la forma del árbol de la fruta de pan.
          Entonces había una escalera para subir al cielo.
Colón los encontró en Cuba en un paraíso donde todo era común.
"La tierra común como el sol y el agua, sin *meum et tuum.*"
Le dieron una tela a uno y cortándola en trozos iguales
la repartió entre toda la tribu.
Ninguna tribu de América con propiedad privada, que yo sepa.
          Los blancos trajeron el dinero
la valoración monetaria privatista de las cosas.
          (Gritos... crepitar de chozas en llamas... tiros)
De 19 000 muducuras, 12 00. De 4 000 carajás, 400.
Los tapalumas: totalmente.
La apropiación privada del Edén
o Infierno Verde.
Como ha escrito un jesuita:
          "la sed de sangre más grande que el Río"

Un nuevo orden. Más bien
nuevo cielo y nueva tierra.
Nueva Jerusalén. Ni Nueva York ni Brasilia.
Una pasión por el cambio: la nostalgia
de esa ciudad. Una comunidad amada.
Somos extranjeros en la Ciudad del Consumo.
El nuevo hombre, y no el nuevo Oldsmobile.

Los ídolos son idealismo. Mientras que los profetas
profesaban el materialismo dialéctico.
Idealismo: Miss Brasil en la pantalla para tapar
100 000 prostitutas en las calles de São Paulo.

Y en la futurista Brasilia los mariscales decrépitos
desde sus escritorios ejecutan hermosos jóvenes por teléfono
exterminan la alegre tribu con un telegrama
trémulos, reumáticos y artríticos, cadavéricos
resguardados por gángsters gordos de gafas negras.

Esta mañana el comején entró a mi cabaña
por donde están los libros (Fanon, Freire...
también Platón): una sociedad perfecta
pero sin un cambio
por millones de años sin un cambio.
Hace poco me preguntaba un periodista por qué escribo poesía:
por la misma razón que Amós, Nahum, Ageo, Jeremías...

a su eremo del llano del Medio Queso rodeado de selva
que está siempre lleno de agua menos en verano
donde hace poco lo visitó un presidente sin guardaespaldas
por supuesto no el de Nicaragua, el de Costa Rica.
Su eremo donde practica ahora su penosa penitencia
de escribir prosa. Su penosa prosa diaria.
Pero prosa profética.
   Yo prefiero el verso, usted sabe, porque es más fácil
    y más breve
y el pueblo lo capta mejor, como los posters.
          Sin olvidar que
  "el arte revolucionario sin valor artístico
  no tiene valor revolucionario" (Mao)
Usted antes fue reaccionario
y ahora está "incómodo" en la izquierda
pero en la extrema izquierda,
sin haber cambiado nada en su interior:
la realidad a su alrededor ha cambiado.
El profeta puede equivocarse. Jeremías
—he sabido— se equivocó en una profecía de política internacional.
Usted poeta, ha vuelto a su remoto eremo
  (al que amenaza ahora un oleoducto de Onassis:
como a Solentiname, la cadena de casinos de Howard Hughes)
  y perora allí a toda hora frente al llano
para cualquiera que quiera oírle, profetizando a toda hora,
  el dinero como fin de la vida

y está más vivo que nunca desafiando al "Tiempo".
Como también aquel editorial del *New York Times*
"Si es verdad que murió en Bolivia, como parece,
un mito ha acabado junto con un hombre."

Y dicen en Brasilia:
"No veáis para nosotros visiones verdaderas, habladnos
cosas halagüeñas, contemplad ilusiones."
        El milagro brasileño
                de un Hotel Hilton rodeado de favelas.
Sube el precio de las cosas
        y baja el precio de los hombres.
Mano de obra tan barata como sea posible (para
ellos no es la limpieza... la Sinfonía de Beethoven).
Y en el Nordeste el estómago se les devora a sí mismo.
Sí, Julião, los capitales se multiplican como bacilos.
Capitalismo, el pecado acumulado, como la polución
de São Paulo
        la miasma color de whisky sobre São Paulo.
Su piedra angular es la desigualdad.
Conocí en el Amazonas a un famoso Mike
que exportaba pirañas a los EE. UU.
y no podía enviar sino dos en cada pecera,
para que la una huyera siempre de la otra:
si son tres o más se destrozan todas.

Así este modelo brasileño de pirañas.

Producción en masa de miseria, crimen
en cantidades industriales. La muerte
en producción en cadena.
Mario-Japa pidió agua en el *pau-de-arara*
y le hicieron tragar ½ kilo de sal.
Sin noticias por la censura, sólo sabemos:
allí donde se juntan los helicópteros está el Cuerpo de Cristo.
De la violencia, yo diría:
existe la violencia de la Evolución
y la violencia que retarda la Evolución.
(Y un amor más fuerte que el DEOPS y el Escuadrón de la Muerte).
Mas
sadismo y masoquismo es la armonía de clases
sadismo y masoquismo de opresores y oprimidos.
Pero el amor también es implacable (como el Deops).
El anhelo de unión puede llevar a uno al *pau-de-arara,* a
los culatazos de ametralladora en la cabeza, los
golpes en la cara con puños vendados, los electrodos.
Muchos por ese amor han sido castrados.
Uno siente la soledad de ser sólo individuos.
Tal vez mientras le escribo usted ya fue condenado.
Tal vez yo después estaré preso.
Profeta allí donde se juntan el Araguaia y el Xingú
y también poeta
usted es voz de los que tienen esparadrapos en la boca.
No es tiempo ahora de crítica literaria.

Ni de atacar a los gorilas con poemas surrealistas.
¿Y para qué metáforas si la esclavitud no es metáfora
ni es metáfora la muerte en el Río das Mortes
ni lo es el Escuadrón de la Muerte?
        Ahora el pueblo llora en el *pau-de-arara*.
Pero todo gallo que canta en la noche en el Brasil
ahora es subversivo
                canta "Revolução"
y es subversiva, después de cada noche,
como una muchacha repartiendo papeletas o afiches del Che
            cada aurora roja.

Saludos a los poseeieros, los peones, los seglares en la selva,
al cacique tapurapé, las Hermanitas de Foucauld, a Chico, a Rosa.

Le abraza.

Los chayules

De tarde sobre el lago vienen nubes tenues grises
que no son nubes
      son nubes de chayules
tan chiquitos que entran por el cedazo
y no nos dejan leer
      en muchas páginas de nuestros libros están pegados
       transparentes y verdecitos del tamaño de una letra
y a veces debemos apagar la luz. Al otro día
en la terraza son cerros de chayules muertos
que hay que barrer. Viven sólo 24 horas
y no comen ni una vez
      ni siquiera tienen aparato digestivo.
Dicen que vienen de rincones sombríos del río San Juan
donde están las larvas a 2 metros de profundidad. A veces
amanece el lago, calmo, por Las Balsillas, cubierto
de una capa de chayules muertos, como 1" de espesor
grandes pescados por todos lados saltan a comerlos
y el bote va dejando detrás como un canal...
      Son muy parecidos a los zancudos, pero no pican
        —qué tal si picaran—

Querrás saber cómo viven sin comer, cómo crecen.
        No crecen: nacen ya como son.
Pero antes tuvieron una existencia diferente
en la que fueron unos gusanitos negros nadando en el agua
        y entonces sólo comieron.
¿Sabés qué son los chayules? Son sexo con alas.
        Pensamos que sólo sirven para jodernos
pero esos animalitos minúsculos de carne de aire
son como una alegoría de algo, allí en el aire:
De una existencia distinta que puede tener el hombre
        en otro elemento y con otras funciones
un poco como chayules transparentes, en cierta forma
        —sólo vuelo y amor.

En el lago

El cielo negrísimo con todas sus estrellas
y yo mirándolas en medio lago desde una vieja lancha
    —la "María Danelia"—
acostado en la popa sobre unos sacos de arroz.
Vengo de ser interrogado por la Corte Militar
y pienso en los inmensos mundos sobre nosotros
      una sola galaxia
        (si la tierra fuera como un grano de arroz
        la galaxia sería como la órbita de Júpiter)
Y pienso en el compañero "Modesto" en la montaña;
de origen campesino; no se sabe su nombre.
Luchan por cumplir nuestro destino en la galaxia.
Y en los campesinos colgados de las muñecas
      arrastrados de los huevos.
Un niño de 8 años degollado, dicen los capuchinos.
Los prisioneros metidos en letrinas comunales
unos sobre otros, mujeres, niños, ancianos.
        Y esos luminosos mundos
la sociedad de las estrellas
        en torno a nosotros.

El Reino de los Cielos irradiando años-luz.
     (". . .Que os fue preparado desde el principio del mundo")
Desde que el gas primordial
salió de los negros y fríos espacios inter-estelares
     y concentrándose
fue haciéndose más caliente y más brillante.
                más caliente y más brillante.
¿Acaso volveremos a los espacios inter-estelares?
                    Y la vida
¿no será tan característica del universo
como la luz?
              ¡Tan lejos en el espacio-tiempo!:
     Mundos que nos llegan sólo como luz.
Pero la luz no toda la vemos. En el arco-iris
tras el violeta está invisible el ultra-violeta.
    Y está otro ultra tras el ultra-violeta
        ya es la zona del amor.
Miro desde la "María Danelia" y el agua oscura de Nicaragua
     el universo de luz. La curvatura
de luz. Como volar de noche sobre Nueva York.
O mejor decir:
       las estrellas de la galaxia cogidas de la mano
        como un coro de danzantes alrededor de una hoguera
         y Pitágoras oyó las maracas.
Pero el centro de la Vía Láctea no es una estrella mayor
sino una concentración de estrellas

(allá por la constelación del Sagitario)
Son como 1 000 mundos los que yo miro
pero los astrónomos pueden ver como 1 billón.
          'amar la evolución'
En Cuba escuelas, policlínicas, círculos infantiles
proliferaban como hongos después de la lluvia.
La gravedad no es sino la curvatura del universo
          esto es, su anhelo de unión.
     Tenemos un centro común y está adelante.
Muchos están presos, otros clandestinos.
A los campesinos los lanzan desde los helicópteros.
          Dar la vida es entregarse al futuro.
Para ser un solo cuerpo con un solo entendimiento
y queriendo lo mismo todos juntos.
Dijo el presidente de la Corte:
          '¿Tiene usted sabido que luchan por los pobres?
               conteste sí o no'
Para cambiarse en algo más grande que uno.
Todo es movimiento: galaxia, sistema solar, planeta
con "María Danelia" la vieja lancha de los Lorío
     todo navegando por el espacio-tiempo.
          'Creo que luchan por los pobres'
Fui llamado a la Corte
y cumplí tu voluntad.
          Miro las estrellas y digo:
               he cumplido tus mandatos.

En nuestro pequeño rincón, la revolución planetaria
      una humanidad sin clases
              aquello
por lo que gira el planeta alrededor del sol.
         ¡La unificación
      del universo!
         Y las "tinieblas exteriores":
            ¿los espacios inter-estelares?
Todo es movimiento
hágase tu voluntad
así en el planeta como en las galaxias.

impresión: national print, .s.a.
san andrés atoto 12-naucalpan de juárez
53500 edo. de méxico
dos mil ejemplares y sobrantes
16 de enero de 1983

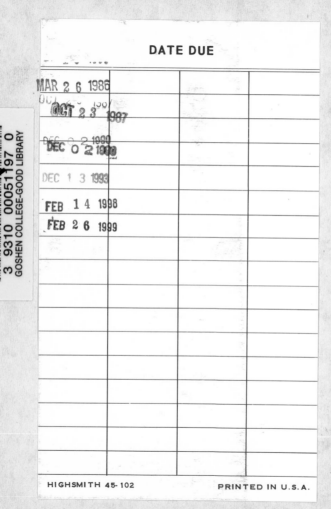